望ましい社会を求めて

わたしの遺言

中谷一郎

牧野出版

はじめに

「質素だが、幸福感がみなぎる社会」……。これはホセ・ムヒカ氏（元ウルグアイ大統領、社会主義者）の考え方をヒントにして、私が現在抱いている社会主義のイメージである。このような社会を模索している若い人たち（四十代以下）に対して七十歳を間近にした私が、提起できそうな旧くて新しいテーマを選んだ。なお、本書に乗せた論文はすべて、私の自分史である『曲がりくねった真っ直ぐな人生』（二〇〇七年刊）から選んだものである。

第一部では、私が関わってきた一九八〇年代の諸運動を通じて、自分で考え感じたことを紹介した。これらの運動は現在も行われているが、勝利したものは極めて少ない。

第二部では、私が選んできた様々な本（ぜひ皆さんにも目を通していただきたい）をタタキ台にして、資本主義を克服し、新たな社会主義を模索してきた私のアプローチを紹介した。

第三部では、一九九〇年以降に私が行ってきた病院勤務などを通じて、日本の医療を根本的に見直して改革するためのエッセンスを紹介した。残念なことにここで私が提起してきた課題のほとんどが現在も残ったままだと感じている。

正直なところ、現在の私は社会主義という言葉にこだわる必要はないと考えている。しかし、目指す社会の本質は何一つ変わっていないと思う。このような考え方を少しでも理解し、自分たちの実践に活かしていただきたいと切に願っている。

目次

第三部

日本の医療と病院を根本から見直す

よしなしごと 岡本病院時代

よしなしごと 高雄病院時代

あとがき

望ましい社会を求めて
——わたしの遺言

第一部　反核・反原発・反公害運動を通じて考えたこと

知人に広島の被爆者がいたこともあって、一九八〇年代、私はほぼ毎年、八月に広島を訪れた。そこで考え、感じたことを書いたものである。核兵器の廃絶どころか、核兵器がさらに増加・拡散していったのはなぜか？当時の反核運動の弱点がその一因であると私は考えている。

一九七〇年代後半から、私は京都大学原子炉実験所の2号炉増設反対運動に関わるようになった。その中で、「日本の原発がなぜこれほど増えてきたのか」について考えてきた。その答えは未だ見つけられていない。一方で、京大原子炉の2号炉は増設されなかった。原発ではないが、増設を阻止した日本でも希有な運動になった。

なお、反公害運動については、タバコと水問題に関する本を紹介することにした。これらはいずれも、勝利、あるいは具体的な解決策を提示したものであるが、あまり知られていない本だと思う。ぜひ読んでいただきたい。

8・6 広島を訪れて 【一九八四年八月】

去る八月五、六日の両日、今年もまた私は広島を訪れた。今回の8・6は、被爆当時と同様にたいへん暑く、また、曜日も当時と同じという事であったが、原水禁運動自体は、かつてない程のピンチに直面しているように感じられた。

以下に、私が参加した集会などの報告を行なうとともに、私の感想を述べることとする。

最初に参加したのは、五日の午後一時から行なわれた『広島「8・6」集会』(主催:広島原水禁常任理事・松江澄氏)である。この集会は、今回で五回目だが、今年の問題提起者の中にはニューフェイスが二人いた。

その一人は、ルーカス・ベックマン氏。彼は西ドイツの『緑の党』のメンバーで、今回は海外代表として世界大会に招待されている。日本に来たのは初めてとの事である。彼の報告、問題提起は日本の反戦・反核運動にとってたいへん参考になるので、少々長くなるが引用してみる。

・ヨーロッパの平和運動は、平和と軍縮を柱にしているが、そこには、男女平等、失業反対、民主主義要求など様々な運動が内包されている。このデモには、西ドイツでも五十〜八十万人を組織することができる。
・運動の最重要課題は、米ソをはじめとした核保有国からの我々の自立である。
・私は、核だけでなく、原発・生物兵器・一般の武器なども解除していく闘いも重要だと考えている。
・運動体内には、ソ連寄りの共産党もいれば、発展途上国やポーランド人民との連帯を主張するグループもいる。ここでは、各グループが安易に妥協せず、その主張を明確かつ具体的にする事が必要である。

もう一人は、李実根氏。彼は広島県朝鮮人被爆者協議会会長として、朝鮮人被爆者の補償闘争を行なっている。彼は、かつて尾道で朝鮮総連の組織づくりをした時の苦労話をした後、
・現在、核兵器が使用される可能性が最も大きいのは朝鮮半島である。また、ここでの核使用は、決して朝鮮だけにはとどまらない
・日本人は中曽根首相の攻撃に慣らされている。
・大衆を組織するには、誠実さが最も大切である。自分の主張を大衆の前にさらけ出しなさい。その主張が正しいかどうかは、大衆という鏡が映し出してくれる。

といった、鋭い指摘を行なった。

その後、この集会は、参加者の意見、闘争報告をうけたのち、松江氏が、

・限定核戦争が可能と考えられ、しかも日本帝国主義のアジアへの政治的・経済的侵略が大きな比重を占めているという今日の情勢を踏まえた上で、日本での反核運動とアジア人民との連帯を模索する必要がある。

・「統一のために自らの主張を押える」「上からの指令で動く」という運動パターンから脱却し、下からの自立した闘いに基づく無数の連帯を創り出そう。

といった総括提起をして終了した。

次に私は、同日午後四時から行なわれた、『反戦・反核全国集会』（主催は労働情報系の実行委）に参加した。この集会では、樋口篤三氏（労働情報）と松江氏の提起のあと、反トマホーク（巡航ミサイル）の市民運動を中心とした報告、寸劇、歌などが行なわれた。

私は、現在トマホーク配備が着々と行なわれつつある中で、いろいろ苦労しつつがんばっている小さな市民グループの闘いには勇気づけられたが、反面、この集会にこれまで参加していた反原発運動団体が今年は全く姿を見せていなかったのを見て、あらためて運動の難しさを痛感させられた。

その夜、ちょっとしたハプニングがあった。私が東京から来た学生達とビールを飲みながら宿で談笑していると、劇団『テアトロＱ』の諸君といっしょに、何とあのルーカス・ベックマン氏がやってきたのである。曲がりなりにもベックマン氏は海外代表である。そんな人物が、全く名も知らぬ我々の宿へ夜遅く突然尋ねてくるとは、日本的感覚ではとても考えられない事である。彼は劇団の諸君と意気投合してしまったらしく、意味もわからないかもしれない劇団の諸君の歌や詩に完全に魅いられ、共に口ずさんでいた。

翌朝私は、東京の学生たちといっしょに、電産中国労組のストライキの激励に行った。電産中国労組は、毎年八月六日、中国電力本社前ですわり込みを行なっているが、これは今年で九回目になる。春闘の時でさえもストをしない労組が多いなかで、単独ででも政治ストをやる電産労組には唯々頭が下がる思いである。東京の学生達にとって、このストに参加するのは初めてだったので、その場で座りこんでいる一人の組合員を取り囲んでいろいろ説明してもらった。彼の説明は、たいへん迫力があり、また、よく勉強した跡がうかがえる。闘争をやった人でないと、なかなかこれだけ話せないものである。何しろ、原子力関係は、やたら専門用語が多いのである。

このストライキが十年でも二十年でも続くように願ってやまない。と同じに、いつまでも電産だけがストをやるような時代が一刻も早く終了するようにがんばらなければならないとも思った。

その後、私は原水禁統一世界大会の分科会に行ってみたが、予想どおり、これまでの中で最悪の分科会であった。発言はすべて事前に申し入れなければならず、報告も一人五分間とピッチリ決められている。発言した人はほとんどすべてが共産党系と総評・社会党系の人で、一般の人々はほとんど発言できないようになってしまっている。その発言も、互いに自画自讃で、最後に相手をちょっとコキおろす。するとそれに他方が反発する。特に社会党系の人が共産党批判をすると、共産党系の人達のヤジで発言が全く聞こえなくなるといった有様である。

私はふと七年前に初めて行なわれた統一世界大会を思い出した。この時、共産党系の人々の主張により、旗・ゼッケン・プラカードなどを会場に持込んだり、発言に対してヤジを飛ばしたりする事が禁止された。当時私は、広島の人達と四人でこの大会に参加し、ある人の発言に対してヤジを飛ばした。すると、共産党系の人達が私たちを規制しにきた。それに対して、私と同行していた広島の人が、「ヤジを飛ばして何が悪い」と言うと、その一言があまりに迫力に満ちていたせいか、規制に来た人達はすごすごと去っていったのである。

今年の統一世界大会は全く七年前の裏返しである。しかし、大会の無内容さ、およびそれをもたらした原因は七年前も今年も同じである。皮肉なことに、大会が統一されると対立が激化するのである。日ごろまじめに運動している人はいや気がさしてしまう。いったい何のための統一かと言いたくなる。

来年は被爆四十周年を迎える。しかし、日本の原水禁運動は未だ四十年前の残酷な行為に対する補償を多く取り残している。運動はますます分裂し、さらに形骸化が進んでいる。いったい日本の原水禁運動は、何度過ちを繰返せば気が済むのだろうか。

私にとって、広島での二日間は、まさしく両極端の印象を与えてくれた。ひとつは、ベックマン氏によって与えられた、ある種の希望のようなもの。ヨーロッパの反核運動の熱気がそのまま肌で感じられるような彼の講演であり、行動であった。もうひとつは、統一世界大会の分科会での、いたたまれない程の絶望感であった。

このような両極端を見せつけられ、気持ちの整理がつかないまま、私は暑い広島に別れを告げた。

『反戦反核広島集会』に参加して　【一九八五年八月】

八月五日、午後四時三十分から広島市社会福祉センターで「反戦反核広島集会」が三十人余りの参加によって持たれた。このような集会はこれまでにも持たれてきたが、これだけの人数および広範な規模で行なわれたのは今回が初めてだと思う。

本集会では、原爆被害者、反原発、反トマホークの運動を反戦反核として位置付け、全世界とりわけアジア・太平洋民衆との連帯を考えることが目的とされた。そのため、近藤幸四郎氏（広島県被団協）、桝谷遷氏（電産中国地本）、牧田氏（京都反トマホーク連合）らの提起のもとに、運動の交流よりはむしろ討論を行なうということに重点が置かれた。「こんな大人数で討論になるのだろうか？」「運動がそれぞれ苦境に立たされている中で討論しても、はたして得るものがあるのだろうか？」などと心配していた私も、本集会が思いのほか密集して、またそれなりの内容を持って行なわれたのを見て内心ホッとした。と同時に、各人の問題意識がかなり近づきはじめてきている感触を覚えた。

発言の中で最も感銘を与えたのは、沖縄反戦地主の会の遠山氏と朝鮮人被爆者協議会の李実根氏であったが、一方、本集会の意義を端的に言い表したのは高木仁三郎氏（プルトニウム研究会）であった。「『反核を言うなら反原発を言え』というのが反原発側の言い分であったが、これでは反原発セクト化してしまう。再度、両者とも原点に立戻る必要がある。1945年8・6は核文明ののろしであったことを認識しなければならない。今こそ我々の生活総体が問われている。」

もちろんたった一回の集会で、この高木氏の提起について議論を尽くせるわけではない。むしろこれは今後の課題である。この提起自体は決して真新しいものではなく、私の知る限りでも、反原発あるいは反公害住民運動では十年以上も前から議論に上ってきたものである。しかし今、こうした提起が十数年前とは違った意味で重い響きを与えていることに注目しなければならないと思う。

伝え聞くところによれば、ヨーロッパの反核運動に結集している人達は単に反核を叫んでいるのではなく、反失業・反差別——権利・民主主義の擁護など様々な要求を揚げた人々の集まりであり、その象徴が反核であるらしい。私は、日本の反核運動もこうした様相を持ってくると思う。なぜなら生活総体を問い直す諸運動に基づかなければ決して核文明を拒否することはできないと思うからである。

今年は被爆四十周年であるが、同時に戦後四十年でもある。中曽根は戦後政治の総決算を宣言している。今こそ我々も戦後労働運動をはじめとする諸運動の我々の側からの総決算をし、そこから労働者・人民が真の主人公となり、各人が自らの欲求に応じて生活できる社会に向けての予算案をつくらなければならないのではないだろうか。

「8・6ヒロシマ」雑感　【一九八六年八月】

この頃の広島は、あの四年前を刻み続けるためか、いつも暑さが厳しい。だが、関東地方を襲撃した台風の余波のせいか、今年は例年にない涼しさを感じさせられた。

今年で被爆四十周年を迎える。この数年間の情勢を見れば、全ゆる意味で転換期に入っている事が誰の目にも明らかであろう。特に今年に限っていえば、次の三つが挙げられる。

第一に原水禁と原水協との統一世界大会の崩壊である。両組織の統一論議はもう十年以上も前から存在しており、両者のかけ引きによって毎年紆余曲折を繰り返してきたが、全日本民間労働組合協議会を巡る社会党の動向と、それに対する共産党の対応などを見るならば、今回の統一失敗は、事実上の統一崩壊を意味していると言えるだろう。しかし、何よりも重要だと思えるのは、見かけ上においても、この両組織の比重が低下し、官製の運動が幅をきかせる時代が、そう遠くないうちにやって来るような感触を覚えさせられた事である。我々もまた、そういう時代を予見しつつ、新たな運動と組織を準備しなければ、市民権すら得られなくなるのではないか。

第二に、八月二十四日に予定されている、トマホーク搭載戦艦ニュージャージーの佐世保入港である。日本政府はこれまでにも、トマホーク配備によって事実上日本への核持ち込みを強行してきたが、公然と核の持ち込みを行うのは今回が初めてとなる。名実ともに、非核三原則時代の終焉を意味する重大な事態を招く危険性があるといえるだろう。第三にソ連チェルノブイリ原発事故によって被曝した人の中には、髪の毛が全て抜けてしまった人もいたが、四年前の状況を知る広島の人々は、これを見て誰もが当時を思い起こしたと同時に、同じ過ちを繰り返した事に対する無念さを禁じ得なかったと言う。四十年前の原爆投下が核文明社会の狼煙であったとすれば、チェルノブイリの事故は『ポスト広島・長崎』時代のプロローグだと言えるかも知れない。

八月四日の夕方に広島に着いた私は、その日の夕方行なわれた原水禁国民会議の『ヒロシマ行動結集集会』――開会総会に相当する――を覗きに行った。新聞発表によると七千人（原水協系は一万人）の参加であり、実際、県立体育館はほぼ満席であった。昨年の四十周年と比較しても人数的には減少していないとの事である。翌日行なわれた分科会も、各会場とも盛況だった様子である。私は午前中、原発関係の分科会に出席し、午後からは海外代表三十人を含めた国際シンポジウムに出席したが、いずれも満員であった。各分科会の内容についてはここでは触れないが、原発の分科会では、初めて参加した人が圧倒的に多かった。こうした傾向は最近よく見られるわけであるが、割当て動員を受けた人が見学がてら広島に来ているというのが実情ではなかろうか。確かに、新しい人々が参加する事自体悪い事ではないが、それは参加した人々をアフター・ケアしつつ運動に組織する場合に意味があるのであって、最近のように、ただ来るだけでは、ほとんど運動にとってプラスとならないのではないか。そのせいか、分科会には活気がなく、各地からの報告者もいく分義務的にしゃべっている印象を受けた。

五日の夕方、「8・5反戦反核広島集会」が開催された。この集会は、電産中国、原発はごめんだ広島市民の会、松江澄氏を始めとする広島実行委が中心となって開かれており、今年で二回目である。好村富士彦氏（広島大教授）の開会あいさつののち、桝谷、梅林、松江各氏がそれぞれ反原発、反トマホーク、ヒロシマの立場から問題提起を行なった。その後、各地における運動の報告、および、オーストラリア、ポーランドの海外代表からのアピールを受け、若干の討論ののち、核戦艦ニュージャージー入港阻止に向けた特別決議を採択して本集会を終えた。今年の集会は、前回に較べて参加者も少なく（二百人余り）、また、とりわけ反原発運動関係者の集まりが悪く、活気に欠けるところがあった。昨年は四百人近くが結集し、高木仁三郎氏や上関原発反対運動を闘っている住民のアピール、そして、朝鮮人被爆者補償闘争を闘っている李実根氏などの報告など、熱気に満ちあふれていたために、余計にそう感じたのかも知れない。しかし、こうした集会にも波は必ず存在するし、今年の集会は、次の時代の反戦反核運動を準備するための一停滞期として自覚するならば、決して悲観的にのみ総括する必要はないと思う。そうした闘いに向けて、今後いかなる運動を構築しうるかが問われているのだろう。

こうして今年も「8・6広島」は幕を閉じた。そして同時に、今年は私自身にとってちょうど十回目の広島であった。この十年が私にとって何であったか、未だ整理はつかないが、そろそろ新たな道を歩きださなければと痛感している次第である。

《追記》

去る七月十三日、電産中国地本前委員長の清水英介氏が急逝された。享年四十六の若さであった。清水氏は、労働運動低迷の中にありながら、日本では希な反原発労働運動を構築された中心人物の一人である。ご冥福をお祈りする。

「原発とめよう」東京行動に参加して 【一九八八年四月】

去る四月二十三日・二十四日、東京で『原発とめよう一万人行動』が行なわれた。御存知の様に、二月に強行された伊方原発での出力調整実験を巡って、主婦層を中心とした新たな反原発運動がかつてない盛上りを見せているが、今回の東京行動ではそのエネルギーのすごさを目のあたりに見せつけられた思いがした。

二十三日午前中に行なわれた通産省等への抗議行動では、私のようなヨソ者は当然中に入れてもらえず、止むなく近くの日比谷公園で待機させせられる事になった。警察、機動隊による警備は厳重で、あらかじめ省内への入門が許可されていた人達でさえ、入門時には度重なるチェックを受けたらしい。

圧巻は午後の分散会であった。分散会は十会場に分かれて行なわれたが、私は、「原発をとめるためにいまやれること」というテーマのものに参加した。何といっても驚いたのは、会場にぎっしり人が詰め込まれ、入りきれない人もかなり出たにもかかわらず、一人も顔見知りの人間に会わなかった事である。子供連れの主婦・夫婦および若者が圧倒的に多く、それ以外の層は現地の運動団体の人々といった様子で、三十、四十代のサラリーマンや学生運動ズレした様な人はほとんど見当たらなかった。発言も、前口上や抽象論は一切なく、具体的にしかも的確に行なわれ、非常に好感が持てた。と同時に、これまでなかなか市民権が得られず、少人数でコツコツとやってきた人達の目には、うっすら涙がにじんでいた。主催者側のプログラムに沿って、青森県六ヶ所村で核燃料再処理工場反対運動を行なっている女性からの報告に続き、名古屋で反原発意見広告を行なっている女性からの報告に続き、名古屋で反原発意見広告を地下鉄に出そうとしている報告などがなされた後、フリートーキングに入った。ここでは多くの人達から、様々な取組報告がなされ、また、いろんなアイデアが飛びかって、私は唖然とさせられてしまった。こんな生き生きとした会合が持たれた事は、これまでの日本の諸運動の中で果たしてあったのだろうか？　主催者が企画した『反原発出前のお店』というパフォーマンスさえ、「そんなに時間を費やさずに、ただ一言、〇〇やっていますと言えば済むじゃないですか」と会場から意見が出される程に、次から次へと報告、意見、提案が出されてきた。この様子はとても言葉では言い表せないものであった。その後、放射能測定室を設置しようとしている報告、能登原発反対運動からの要請などに引続いて、高木仁三郎氏から『脱原発法案』を作ろうという提起が出された後、再び活発なディスカッションが繰拡げられた。こうして盛況のうちに、ようやく分散会は終了した。

翌二十四日は、午前十一時から、集会（日比谷公会堂）とフェスティバル（日比谷小音楽室）が同時に行なわれ、これに参加しなかった人達もそれぞれ日比谷公園内に独自のパフォーマンスを展開した。総勢二万人（主催者発表）という大イベントであった。その後、皆で銀座パレードを行なった後、流れ解散となり、史上希に見る大行動は幕を閉じた。

今回の行動で感じた事を二、三述べたい。

第一に、女性と子供達のエネルギーのすごさである。反原発かるたをつくって子供と遊んでいる人。自分で署名文をつくって学校の友達から署名とカンパを集めて参加した小学生。反原発のチラシを新聞配達人の後について近所に配り続けている高校中退生。反原発の本を買って、家族や近所の人やクラスの仲間と回し読みしている主婦、中学生。電気料金不払いをして電力会社の集金人と戯れているオバサン……。とにかく数えきれない程ユニークな運動が各所で行なわれている。そしてこの動きが、各地の反原発運動と実に見事に噛み合っているのである。また、生活クラブ生協など、日頃から食品を初めとした問題にタッチしている主婦が多かった事も見逃す事はできない。

第二に、脱原発法案が提案された事について。ちょっと考えると何でもないような提起であるかのように思われるかも知れないが、実は、日本の運動の中で、運動側から法案や政策を提示するというのは極めて珍しい事なのである。私の知る限りでは、他に、プライバシー保護条例制定運動ぐらいしかない。これまでの運動は、ほとんど全て政府、資本などの側から出されてきた提案に対して、それをベースにして闘われてきた。そういう意味では新しい質の展開を内包しているのではないかと私は思う。

広瀬隆現象や反原発フィーバーといった様に、反原発運動は今、ノリにノッているという印象を受けられるかも知れない。しかしこれも、以前から地道に運動を積重ねてきた現地の人達（だいたい老人が多い）や科学者達が、自らと全く異なった層である主婦や子供や若者達の心を素直に受け入れたからこそできたのだと思う。「女子供」とバカにした「素人に運動なぞできるわけがない」とタカをくくっていては決してできない。チェルノブイリ原発事故後二年が経過したが、この日本でも、高知県窪川町と和歌山県日高町の原発が相次いで廃案にされるという快挙が続いている。次には石川県能登原発が今年の十二月に着工されようとしているが、現地だけでなく、周辺の羽咋、七尾、金沢市、あるいは隣の富山県でも草の根反対運動が広がりつつあるらしい。私達もこの運動から素直に学び、労働運動を始めとした諸運動にそのエキスを取込んでいかなければならない時期に差しかかっているのではないだろうか。

反原発株主運動に参加して　【一九九〇年八月】

六月二八日木曜日午前八時。私は、大阪の中之島にある関西電力本社に到着した。株主総会に出席するためである。「経営方針を脱原発に変えなさい！」という一株主としての意見を述べるため、わざわざ仕事を休んで出かけて来たのだ。総会が始まる二時間前だと言うのに、既に、会場入口には長い行列ができていた。前の方百二十〇人が関電から派遣された、いわゆる動員株主。その後方五十人が反原発株主。残りが一般株主。全部で二百人程が並んでいた。

八時四十分。受付が開始された。順番に階段を降りて地下の会場に向かう。途中、荷物のチェックを巡って関電の職員とちょっとした小ぜり合いがあったものの、思いのほかスムーズに入場できた。会場は五百人収容可能なホールで、横二十、縦二十五列にいすが並んでいる。前三列を動員株主が占拠していた。すぐその後ろと会場中央付近――マイクがあるのはここだけ――に反原発株主が陣取ったが、その周囲には残りの動員株主が包囲網を形成していた。演壇は、最前列中央が議長席、そのまわりに四十程のいすがあり、関電の役員や弁護士が坐る事になっている。

九時半。開会までにまだ少し時間があるので、反原発株主は、数人を残してほとんどが場外に出た。場外で脱原発パフォーマンスを演じている人々とともに小集会を持つためである。石川・和歌山・福井の現地住民、それに本行動の中心人物である平井氏（九州大）からそれぞれアピールを受けた。

九時四十五分。再び場内に戻る。いつの間にか、会場はほぼ満席になっていた。少しずつ緊張感が高まって来る。

十時三分前。反原発株主の一人が仲間に資料を配っていると、突然、どこからか「ビラ配りはやめんかい！」とヤジが飛んできた。これを巡って場内が紛糾。反原発株主の一人が総会屋――三十人程いたが、そのほとんどは場内中央通路に陣取っていた――から暴行を受けた。結局、議長が開会宣言をしたのは定刻二分過ぎであった。直後に反原発株主から「動機！動機！」の声がたくさんあがったが、議長――あのにっくき小林庄一郎会長――は全く無視して、入場時に配布された書類の中の『監査報告』を棒読みし始めた。それでも、余りに動議要求が多かったためか、ひとつだけ認められた。それは、「チェルノブイリで亡くなられた方々に一分間の黙祷を。」という提案であったが、議長は「個人的に哀悼の意を表します」

と述べただけで、直ちに議事が進行された。

十時十分。営業報告。これも全て棒読みである。反原発株主からはヤジが飛び、動員株主がヤジを返す。総会屋が反原発側のヤジをさえぎる……。とにかく場内は騒然としているのだが、議事はどんどん進行していくのだ。全く腹立たしい。反原発株主達が事前に提出していた質問――千数百項目にも及ぶ――に対してもタテマエ論を繰返すばかりで、具体的な回答は何ひとつない。そのため、ますますヤジが増えていく。十一時少し前。ヤジで議事を妨害したという理由で、反原発株主の一人が退場を命じられた。係員が彼を場外に連れ出そうとしたため、再び場内が紛糾し、二度目の暴力が振るわれた。

十一時十分。ようやく質問・動議の時間がやって来た。意見を述べるのは反原発株主ばかり。その動員株主の方は「もっと短く質問せんかい！」としきりにヤジを飛ばす。様々な紆余曲折はあったものの、十人近くの人が質問・動議を認められた。「中の島に原発を！」「原発労働者の待遇改善を！」「原発推進宣伝に登場するタレントのギャラはいくらか？」「蒸気発生器細管が危険な状態になっている」などなど……。なかでも、石川県の珠洲原発建設予定地から来た人が十五項目に亘る発言をしている時は、その内容が余りにも生々しく現地の感情を表現しているため、動員株主ですらほとんどヤジを飛ばせない雰囲気につつまれていた。

もちろん、関電側の回答は極めて不誠実なものでしかなかったが、多くの一般株主達は、反原発派の方に共感をもったのではなかろうか？

十二時半。利益処分案の審議に移った。「定款変更」「廃炉」「修正動議」などが反原発株主から出されたが、いずれも全く討議に付されない。そんななかで、十二時五十分。議長がいきなり採決に入り、反原発株主から出された修正案を「反対多数で否決します」と言って、そのまま閉会宣言をしてしまったのだ。余りの唐突さに反原発派も呆然としている。動員株主はさっさと退場し始める。その時であった。議長が突然、「ちょっとお待ち下さい」と皆を呼び止めたのである。「もう一度、当社原案について……賛成の方は挙手をお願いします……賛成多数で可決されました！」……。要するに、自ら提出していた原案の採決をしないまま閉会宣言をしてしまった事に彼は気付いたのである。こんな事が許されて良いのだろうか？常識では、閉会宣言後の採決は無効のはずだ。

以上が、二時間五十分に及ぶ史上最長の株主総会のあらましである。少しは場内の雰囲気がわかって頂けただろうか？　私は一言も発言できず、ただジッと様子をながめていただけであったが、それでも結構おもしろかった。質問・動議・ヤジ・修正動議などを発するタイミングとコツさえつかめていれば、かなり発言できるし、宣伝効果は思ったより大きい。最近の株ブームを反映してか、一般株主も多く出席しているからだ。「来年も必ず来よう！」これが私の結論であった。

最後に、来年の株主総会をもっと稔りあるものにするために、読者の皆さんにひとつだけ提案したい。ぜひ、今年の九月末までに関電の株主になって頂きたいのである。百株（最小購入単位）で三十数万円だから、その気になればこれだけのお金が動かせる人は、それ程少なくないはずである。と言うのは、合計三万株分の反原発株主を集めれば、株主総会に議案を提出する事ができるからである。そうなれば、全ての株主に反原発議案が郵送されるわけだし、マスコミの取扱い方もより大きくなるだろう。また、総会の場でもキチンと採上げなければならなくなる。ちなみに、七月末現在で、関電の反原発株主として把握できているのは一万五千株程度。目標の半分である。更に、今年の株主総会に出席できなかった人で、関電の原案に反対を表明した株主総会に出席できなかった人で、関電の原案に反対を表明した株主が六百名以上いる事が判明し、その名簿も閲覧する事ができる。ついでに言えば、東京電力では、既に二万五千余株の反原発株が掌握できているらしいので、来年の議案提出はほぼ確実との情報も入っている。したがって、来年の株主総会では、東電と関電で脱原発議案が提出されるという事態は決して夢ではない。そうなれば、電力会社はますます窮地に追込まれるわけだ。

　読者の皆様に、再度、関電の株主になって脱原発の道に進まれるようお願いして本稿を終りたい。

『さらば、たばこ社会』【一九八八年六月】

私は無類の煙草嫌いである。生まれてこのかた、一度も煙草を口にした事がない。幼い頃は、乗り物の中で煙草の臭いがすると、必ずと言っていい程酔って嘔吐したものである。現在でも、近くで煙草を吸われれば、吸った人を睨みつけたり、その場を去ったりしている（もちろん、我慢する事の方が圧倒的に多いが）。こんな私をはじめとして、これまでずっと煙草スモッグを強要され続けてきた非喫煙者にも、最近、わずかではあるが希望が見え始めてきた模様である。腰の重たい厚生省も、たとえポーズだけにせよ、煙草の害を認めざるを得なくなってきたからである。本稿は、愛煙家の方々にとってはいささか耳の痛い内容になる事と思うが、ケムたがらずに読んで頂きたい。

本書はこれまで嫌煙権運動に取り組んできた市民運動家、学者、医学専門家、弁護士などが共同でまとめたものであり、日本における運動の集大成とも言えるのである。とは言っても、問題提起を中心に構成されているため文章も平易で読みやすく、また、多くの観点からのアプローチがなされている。「たばこのやめ方Q＆A」や宮崎緑（ＮＨＫキャスター）と中田喜直（作曲家）を交えたディスカッションも楽しいし、巻末に紹介してある「全国禁煙・

嫌煙運動連絡協議会グループ」のリストも役に立ちそうである。

私が特におもしろいと感じた論文を三点紹介したい。

第一に、月並みではあるが、煙草の害について。これについては、知られている様に見えて実は案外知られていない様である。「煙草＝肺がん」という一般常識はあっても、その他のがん、心臓病、クモ膜下出血などにも及んでいる事は私も始めて知った。また、ニコチンやタールばかりでなく、ワイン騒動で有名になったジエチレングリコールや人工甘味料のズルチン、そして農薬などが添加物として煙草に含まれており、日本たばこ産業の企業機密という理由で公表されていないものも多いそうだ。更に、副流煙の有害性は、非喫煙者の受ける被害の大きさを物語っている。

第二に、煙草と戦争との関係について。煙草への課税は、一八八二年の京城事件に端を発し、後の日清・日露戦争では有力な財源となっている。またアヘン戦争におけるアヘンの役割と煙草の類似性にも触れられている。してみれば、昨今の輸入煙草の氾濫は、第二次アヘン戦争の前兆なのだろうか。

第三に、煙草と女性について。確かにこれはデリケートな問題ではある。「女のくせに煙草なんぞ吸って」「女の喫煙は胎児に良くない」などと女性差別に使われる事が多いからである。そしてまた、日本では、若年層とともに女性の喫煙率が増加しているという現状も絡んでくる。これに対して本書は、「言い換えれば、健康とは今まで男性によって作られてきた環境の周縁において、女性自身によって価値づけられた女性のための環境を新たに創造し続けることである。」といったリタ・アルディッティの言葉が引用されており、ここにフェミニズムと反喫煙運動との接点を求めている。実践による具体的な検証が必要とされるだろう。

以上が本書に対する私の主な感想であるが、最後に日本の労働組合をはじめとする革新・左翼系組織が、余りに煙草問題に対して無自覚であるという苦言を呈しておきたい。煙草の問題は、明らかに労働者の生活と権利を守る問題であり、この運動は、これまでの反公害運動に学ぶと同時に、新たな問題を逆提起している運動でもあると思われる。今最も遅れている、職場における反喫煙の取り組みを開始する事と、煙草の元凶である日本たばこ産業への闘いが、無煙社会の実現にとって重要な位置を占めている事を、今一度肝に銘じる必要がある。

▼伊佐山芳郎編『さらば、たばこ社会』（合同出版）

『まだ、まにあうのなら』　【一九八八年六月】

「何という悲しい時代を迎えたことでしょう。今まで、自分の子供に、家族に、ごく少量ずつでも、何年か何十年かのちには必ずその効果が現われてくるという毒を、毎日の三度、三度の食事に混ぜて食べさせている母親がいたでしょうか……」

こういう書き出しで始まるこの本は、「私が書いたいちばん長い手紙」というサブタイトルが示すように、福岡に住む一人の母親がその知人に宛てて書いた手紙を小冊子にしたものである。それなりに十年間、原発問題にこだわってきたと自負していた私であったが、チェルノブイリ原発事故発生当時には原発が原子力発電（所）を意味する事さえ知らなかったと言う一人の主婦の手紙を読む事によって、その自負心をいともたやすく吹き飛ばされるとは予想だにしなかった。その結果、こうしてわずか五十ページの手紙を、「本の紹介」という形で原稿にするはめになったのである。正直なところ、私には、この手紙について批判や注釈や補足を加える資格は全くない。教えられる事ばかりである。したがって次に書く事は、そこで教わった事を自分なりに整理したものに過ぎない。

私は先日、同じ職場にいる同世代の何人かに質問してみた。「アトピー性皮膚炎て知っとるけ？」。男はほぼ全員知らなかった。せいぜい、「名前は聞いた事あるで」と答える者がチラホラいた程度。それに対して、女はほぼ全員知っていた。「○○さんの子供さんもアトピーやて」と付加える人もいた。この情景の中に、今の社会状況が濃縮されている様に私には思える。実は私も、数年前、断食療法で入院するまで、この病気については全く知らなかった。断食療法でこの病気と闘っている人達を目のあたりにして、初めて知った。そして、アトピー関係の本を何冊か読むうちに、この病気が意外にも広汎な子供達に慢延している事、その原因が主として食べ物にある事などが少しずつわかってきた。そして最近、二回目の断食をした際、患者のほとんどがこの病気であるという事態に遭遇して、あらためてこの病気の深刻さを思い知らされたのである。

私がこの手紙を読んで最初に気付いた事は、彼女が語っているのは、実に原発の事ではないという事である。もちろん、ほとんどの記述は、彼女が極めて短時間に吸収した、原発の不条理さについてなされている。だが、それは単なる手段、あるいはきっかけに過ぎないのではないか。彼女の問題意識の発端は、冒頭にも書かれている様に、食べ物なのだ。原発はその火付け役である。そして、子供との関わりを通じて到達したもの。それは、人間社会の不条理に他ならない。そして、この不条理な人間社会からの脱却を知人に訴えているのである。少なくとも私にはこのように読める。だからこそ、我々社会変革を目指そうとしている者—特に男たち——にとってこそ、この手紙は書かれたとも言えるのだ。すなわち、社会の基底をなすもの（＝食べ物）にこだわり、社会における他者（＝子供）の目から自分と社会を逆照射する視点を体得し、そして最も全体的な社会（＝人間）を黙認し、変革し、創造していくという作業――これこそ革命のダイナミズムに他ならない。

私にはこの手紙が、〝主婦階級による共産党宣言草案〟の様にも感じられる。それが単なる思い込みなのかどうか？その結論は私が下すべきものではない。ともかく、この手紙のラストの部分を引用しつつ、この論評をさっさと切り上げる事。今の私にできる事はそれだけだが、一刻も早くこうした状況から脱却しなければと思う。まだ、まにあうのなら。

「すべてのことがらを〝いのち〟の方から見ようではありませんか。私達女性、ことに母親には、先天的にというか、本能的にこの偉大な能力が与えられています。そのこと、実感したことありませんか。（中略）みんなの乗っているこの船は、地球の破滅へとまっしぐらに進む船。早く気づいて降りましょう。一ぬけた、二ぬけた。原子力は無用なのです。そして原子力は人類と共存できません」

▼甘蔗珠恵子『まだ、まにあうのなら』（地湧社）

『下水道革命』【一九八九年九月】

先日、琵琶湖でアユが大量死したと報道された。まだその原因は不明らしいが、恐らく、日常的な汚染によって病気に対する抵抗力が弱まっていたところへ何らかの要因が重なったために病死したのであろう。何とも恐ろしい事である。明日の人間社会を暗示していると言ったら言い過ぎであろうか。

いずれにしても、琵琶湖の汚染が年々進行している事は紛れもない事実である。そして、その下流に住む私達が、その水を更に流域下水道での処理によって汚してから飲んでいる事もまた動かし難い事実なのである。

こうした現状に置かれている私達に対して、本書はひとつの解決策を提案してくれる。すなわち、石井式水循環システムなるものが開発されているらしい。詳細については本書を参照して頂く事にして、このシステムの特徴は次の五点に要約できると思われる。

①下水道の十倍の浄化能力を持つ。
②処理容量は三～四百人分と幅が広く、特に中規模用に適している。
③ろ過材にヤクルト容器を使用している。
④製作費は数十万円程度。下水道の十分の一以下。
⑤メンテナンスがほとんど不要。

現在、全国一四箇所で稼動中との事であるが、こんな結構なものが何故これだけしか普及しないのだろうか。その理由は至極簡単。建設省（当時）が認可しないからである。何故許可が下りないのかは建設省に聞いてくれとしか言いようがない。とにかく下りないのだそうだ。水行政への憤りを感じずにはいられない。

誰もがハイテクブームに便乗する事しか考えない日本の中にあって、古くから伝えられてきた水循環の思想に立脚してこの様な技術開発が地道に行なわれていた——しかも九州の一地方で——事を知り、私はひとつ救われたような思いにかられた。そして、この一事例の中に、共生的社会主義に基づく日本社会を建設していくための、ひとつの具体的なヒントが隠されているのではないかと思った。

何はともあれ読者の皆さん！　この石井式水循環システムの導入を一度検討してみてはいかがですか？

▼石井勲・山田國廣『下水道革命』（新評論）

第二部　資本主義思想からの脱却と新しい社会主義の模索

一九七〇年後半の学生時代、私は共産主義に興味を持ち、マルクスやレーニンの本を読み漁っていた。私はこの思想に好感を持った。一方で、ソ連も中国も核や原発を推進することに大きな違和感を抱いていた。

一九八〇年代半ば私の考え方に大きな影響を与えたのが、西洋思想史家の関曠野氏であった。彼は学者ではなく、翻訳本を一切読まないという変わり者だが、その文章は極めて精緻であり、説得力がある。私は本書で「イエ性」「進歩の思想」について論評したが、ここでは関氏の見解を参考にした。

最後に、私は日本の歴史と風土に根付いた社会主義を模索してみた。特に、明治以前の思想や文化を再評価する作業は、絶対に必要だと感じたからである。また、国ではなく、「地域レベルでの社会主義」を目指す試みも、極めて有意義であると考えた。

新人類ブームに別れを告げるために　【一九八七年八月】

何故か新人類ブームだ。世の旧人類は、新人類をまるでエイリアンかエリマキトカゲのごとく奇異な生物として扱っている。「一個の妖怪が日本中を彷徨している。新人類という妖怪が……」――これはもちろんマルクスの言葉ではない。『新人類がやってきた』（扇谷正造編・ＰＨＰ研究所）の冒頭に出てくる文句である。このブームに押されて、私も前掲書などを読んだり、周囲にいる新人類を注意深く観察したりしてみたが、その結果、次のような暫定的結論に達することができた。それは、新人類とは歴史上極めてオーソドックスな世代である。むしろ、旧人類こそがアブノーマルな世代であり、彼らなしにはこの資本主義という史上稀に見るアブノーマルな社会がこれ程長く存続しえなかったであろう。と言うことは、新人類以降の世代が多数派を占める時、いよいよ資本主義に別れを告げる事ができそうだ。」というものである。

この結論についての論述は後に回すことにして、ひとまず、旧人類の目から見た新人類像とその対策なるものにしばらく付き合ってみる事にしたい。

前掲書『新人類がやってきた』によれば、新人類とは一九六三年以降に生まれた世代を指し、中でも一九七三年以降に生まれた世代は超新人類と呼ばれるそうだ。この年で区切る根拠は必ずしも明確ではないが、扇谷氏は、新人類が発生した背景として、①豊かな社会、②敗戦による価値体系の変化、③人間関係（タテ型→ヨコ型）の変化を挙げている。また、共通一次試験や偏差値教育および塾の浸透などを指摘する著者もいる。新人類の特徴として、臨教審専門委員でもある千石氏は、①相対主義、②表現主義、③快楽主義、④ペルソナ主義、⑤感覚主義の五つを挙げている。この特徴について、いわゆる新人類語なるものと対比させつつ見てみたい。

①相対主義について。代表例は、「一応」「別に」という語らしい。職業を聞かれた時など「一応サラリーマンしてます」という具合に答えるとの事である。また、「何故そんなことしたの？」と聞かれた時には「別に」と答えるらしい。すなわち、新人類には、一斉主義や全体主義などの絶対的価値基準が存在していないのであり、千石氏はこれが、個性主義という臨教審の目標にマッチしていると考えている模様である。

②表現主義について。ここでは、人気漫画『キン肉マン』が毎週七万通も届くリクエストに基づいてつくられている例が挙げられている。また、デジタル好み、C・I（コーポレート・アンデンティティ）の流行もここに含められている。その表現方法も多岐にわたっており、ファッションでは「JJ族」「アンアン族」といった二大派閥があって、その中でも「D

C（デザイナーズ・キャラクターズ）」「サーファー」「トラディショナル」「レトロ」など極めて差異に満ちた分野が存在している。また、音楽でも、ジャズ、ロック・ソウル・ポップスなどの他に、フュージョンといった新しいスタイルも生まれてきているらしい。演歌一本槍の旧人類とは似ても似つかない雰囲気である。

③快楽主義について。五年毎に行なわれている総理府の『世界青年意識調査』によると、一九八三年に至って、アメリカよりも日本の青年の方が、仕事よりも余暇を好む割合が多くなったというデータが出ているとの事。これは歴史的事件らしい。また、とりわけ若いＯＬ達は、終業を知らせるベルが鳴った途端、どっと更衣室になだれ込み、出てきた時には美事に〝変身〟しているとの事。ちなみに、「ベルサッサ族」（終業時のベルが鳴るとすぐに帰る人たち）といった新人類語もあるそうだ。

④ペルソナ主義について。ペルソナとは、ユングの心理学用語で、冗談やユーモアや笑いなどといったいわゆる潤滑油によって、現実に対して仮面をかぶる事らしい。新人類はマジを徹底して嫌うそうで、例えば、好きな女の子の前で「好きです」と告白し、その子の顔色を見るや「ナァンチャッテ」と茶化す。その事によって、自分を傷つけることから免れようとしていると著者達は見なしている。その他では、自己の相対化——自分を「私○○する人」と呼んだりする——や、相手との間に距離を置く——相手を「彼女」「オタク」などといった三人称で呼ぶ。また縄のれん行動を嫌う——事もこの中に含まれるのかも知れない。

⑤感覚主義について。ここでは、新人類の音感・リズム感の良さや、ファッション好き、グルメ指向などを挙げ、同時に、制服や労働が彼らにとっては妥協の産物だと見なされている。また、この感覚の基準・尺度は、好きか嫌いかだけである事も強調されている。例えば、博報堂が行なったインタビューに対する答えとして、「会社説明会に行って、説明してくれる人がヤーな感じだったら、もう嫌い！って思っちゃう」「着る物買う時なんか、絶対に『好き・嫌い』ね。いくら『良いものです』って言われてもね、好きじゃないと買う気しないわ」といった証言などが紹介されている。

以上が、前掲書で分析されている新人類であると思う。これに基づいて、著者達は、「経営者・管理者として旧人類はどう対処すれば良いか」といった観点から、次の五点を提案している。

第一に、会社とは何かを教える事。家庭や学校と異なり、会社は結果のみで判断されるが、そうかと言って、時として上司や同僚が助けてくれる面もあり、いわゆる「血も涙もあるコンピュータ」である事を認識させる。

第二に、職業とは何かを教える事。新人類の多くは、生計をたてる手段として職業を考えているが、そうではなくて、自分の可能性を試すものである事を理解させる。そうすれば、彼らが好む「努力」が十分に発揮されるであろう。

第三に、会社務めとは何かを教える事。それは「他人の人間関係に入る」事であり、家庭や学校とは異なった人間関係なのだという事がわかってもらえる。

第四に、確認すなわち仕事に対するチェックを徹底させる事。新人類は歯車みたいなものだから、一つでもはずれると大災害につながる。

第五に、名刺で仕事をするなという事。つまり、自分が会社を代表しているんだという心構えを持たせる必要がある。

以上五点を浸透させる例として、各社の具体例が挙げられている。例えば、入社式で「お母さんにはウソをつかない事だけを約束して欲しい」（広島ガス）「新婚旅行は海外に行こう。そのためには退職資金をガッポリもらえるように日々の仕事をキチンとやろう」（某社）といった訓示をする。あるいは、新人類を集めたパーティーすなわち「呑み講」を時々開いて横のコミュニケーションを持たせる。他にはファーストフードショップの例や、山本五十六あるいは清水次郎長の教訓などが出されている。

このように長々と、旧人類的観点に立った新人類像というものを紹介してきたが、新人類でない私でさえ、こうした分析がかなりピンボケである事は容易にわかる。何か、偶々自分が出くわした新人類を極度に普遍化している感じがしてしようがない。特に、最後に展開されている新人類対策など、一時的にはどうあれ、究極的には何の効果もない事など私にもわかる。ましてや賢い新人類は、言われた通りに従ったフリをしつつ、マイペースを貫くに違いない。あのＰＨＰでさえ、この程度の対策しかしないのかと思うと、私は失望を通り越して、むしろ嬉しくなってくる。いよいよオモロイ世の中がやってくるのではないかと期待せずにはいられないからである。

とは言え、旧人類たちの分析はそれなりに参考になるし、その対策さえ、必ずしも空論ではない。むしろ、もっといい対策があるのではないか、などと考える連中の方が的はずれだと思う。結局ここで明らかになるのは、旧人類的視点から新人類をながめる事自体に、もはや今日的限界が存在しているという事であろう。つまり、旧人類自体を相対化するという姿勢が何はともあれ不可欠なのであろう。


新人類が如何にオーソドックスな世代であるかは、前述した旧人類による分析に依拠したとしても、容易にわかると思う。

例えば相対主義であるが、これのどこがヘンなのだろうか。物の存在が相対的あるいは確率的である事はアインシュタインやカプラが到達した重要な法則である。「万物は流転する」と言ったのは古代ギリシャのヘラクレイトスであり、あの鴨長明も「ゆく川の流れは絶えずしてしかも元の水にあらず」と詠った。今私達が正しいと信じている事さえ、暫定的に正しいに過ぎない。また、究極のところ、人は他者を通じる事なしに自分自身を知る事ができないのであるから、常に自己を相対化する事は、自分を知るために必要不可欠である。

更に、新人類は、人に対して怒ることや、命令・強制・禁止する事を好まないとの事であるが、これは素晴らしい事ではないのだろうか。本誌で河野氏が「縄文時代には命令語がなかった」と述べられた事があったが、戦争や災害などの非常事態がなければ、本来、命令・強制・禁止などは必要のないものであるはずだ。また、表現主義も立派である。自分の言いたい事も言えず、異なる文化との交流もできず、「男は黙って○○○」などと自己満足する事しかできない旧人類の方がヘンだという事は、恐らくどこの国の人でも認めるであろう。そして、異種の音楽やファッションの混在に対して何の違和感も持たず、時には同時に複数の事をこなすなど、聖徳太子並みの才能なのかも知れない。

快楽主義もしかり。何でも楽しくするのがいけないはずはない。悲しい事や苦しい事も、洒落やパロディで流してしまうのは、江戸時代の民衆の得意とするところであった。メロドラマや涙でしか感動しない人間が発生したのは、せいぜいこの百年足らずである。

ペルソナ主義を疑問視するのもおかしい。社会生活にとって潤滑油が必要な事ぐらい、旧人類も知っていたはずである。言葉と身ぶりと表情で潤滑油を合成できる新人類の方が、酒とタバコと浮気しか知らない旧人類よりも有能、ただそれだけの事なのである。また、相手との間に相当の距離を置く事ほど礼儀正しい事はない。実際、旧人類以前の時代に於いては、実の親でさえ我が子と常に一定の距離を置いてきた。現代のように、親が子供にベタベタして子供が自ら人格形成するのを妨げる事を「しつけ」「教育」と呼ぶ世代なんて、人類史の中でも他に例を見ない。

最後に感覚主義。これに違和感を覚えるのは、旧人類の中に「合理性」「論理的」「客観的」

などといった観念が、骨の髄まで浸み込んでしまっているからであろう。このような観念さえ、この日本では百年前には存在していなかった。その頃は、先人達が残した掟や言い伝えや慣習などを基に、自分の経験と勘とコツとで技能を習得したはずである。ところが、資本主義に入ってからは、何事も理論化、数値化、客観化する事ばかりに気を取られ、先人達の方法を一掃してしまった。そして、この行きついた先が、ハイテクである。皮肉な事に、このハイテクは、いずれも論理や客観性や合理性と無縁である。バイオテクノロジー、セラミック、超電導などはまさに「下手な鉄砲も数打ちゃ当たる」といった研究が行なわれているのが実情である。とにかく、こうした観念から新人類が自由であるに過ぎないのであって、彼らが何でも感覚だけで判断・行動しているのではないと私は見ている。

こうして見てくると、冒頭に私が下した暫定的結論は、決して詭弁や極論や誤解などではない事がお解り頂けると思う。そして最後に、この旧人類的センスと資本主義との関係に一言触れさせて頂きたい。

究極のところ、この旧人類性とはイエ性に他ならない。イエ性とは、『文明としてのイエ社会』（公文俊平著／中央公論社）によれば、超血縁性、系譜性、機能的階級性、自立性の四つである。これは東国の豪族にその起源を持ち、後の武家社会の中に引き継がれ、資本主義になってからは、企業、学校、そして一般家庭の多くにも移植されていった。もちろん自衛隊にも。ところがこのイエ性も、高度成長の進行とともに徐々に崩壊し始めてきた。その最大のメルクマールは「新中間階級」であり、その運動的現出が全共闘運動であった。彼らが掲げた「大学解体」「自己否定」なるスローガンは、実は大学をはじめとした社会および彼ら自身の内に存在してきたイエ性を解体する意に外ならなかったと私は解釈している。その後、イエ性は更に崩壊の度を深め、やがて高度成長以降しか知らない世代、すなわち新人類が登場してきたのである。ここに至って、もはやイエ性が再生産される可能性はほぼ消滅したと言っても過言ではないだろう。この新人類こそ、イエ性を全くと言っていいほど持たない世代なのであり、それだからこそ、これ程旧人類がわめき立てているのである。何も不思議な事はない

前掲書『新人類がやってきた』の中で、扇谷氏は、「究極の新人類はハッカー」であると述べているが、私もほぼ同感である。私流に言わせてもらえば、新人類はスーパーマリオである。マリオは、何段階ものグレードを持つ〝資本主義〟というゲームを演ずるピエロである。彼は障害物には決して逆らわない。ピョンと飛び越えたと思ったら、いつの間にか元の道に戻り、何事もなかったかの様に歩き出す。このファミコンを操作する人間こそブルジョアジーに他ならない。そしてある日――。

ファミコンの場面から、突然、マリオが消えた。驚いた高橋名人＝優秀たるブルジョアジーは、ひたすらボタンを押し続けた。そのうちに、彼は背後に人の気配を感じた。後ろを振り返ってみると、そこには何と、消えたはずのマリオが笑いながら立っているではないか。そ

の笑みを見て気力が萎えた高橋名人は、遂にファミコンを放り出し、部屋を去った――。

ひょっとしたら、資本主義の終焉とはこんなふうにして訪れるのかも知れない。もしそうであるならば、モラトリアム世代の私は余計な事はせず、ファミコンから飛び出したマリオが演じるドラマのシナリオでも書き始める事にしよう。

進歩の観念を問い直す　【一九八八年九月】

私が本稿を書くきっかけになったのは、本誌に『私の昭和思想史』を連載している松江氏とお会いした時のちょっとした会話であった。彼は私に「『天は人の上に人をつくらず、人の下に人をつくらず』という福沢諭吉の言葉には子供心に感動を覚えたものだ」と語った。福沢こそ、この日本資本主義の枠組をつくったイデオローグであると思っている私にとって、この言葉は意外であった。そこでさっそく、『「文明論之概略」を読む』（丸山真男著／岩波新書）を読んでみたが、本書は松江氏の言葉以上に私にショックを与えた。というのは、私にはまるで福沢が日本の左翼あるいは伝統的マルクス主義のイデオローグであったかの様に読めたからである。第一に、福沢が当時の日本人に対して抱いた問題点のほとんどがそのまま現在の日本人にも当てはまる。お上からの指令がないと動かない受動性。政治への無批判、無関心。個人として自立していない。他者への不寛容。異文化と接するのが下手……。この様な点を問題視する事自体、私は間違っているとは思わない。問題となるのは、福沢がそうした問題点の原因を儒教思想に求め、その解決を西洋の精神——福沢は西洋社会の残忍さも良く心得ていたと思われる——を導入する事によって図った事である。言うまでもなく、そこには西欧の精神＝文明、アジア＝未開という観念が流れている。そしてそのバックボーンとなっているものこそ進歩の観念なのである。その点に関しては、日本の伝統的左翼も大同小異であったと私には思える。進歩＝善、反動＝悪といった考え方はいまだに根強いし、日本（人）を批判する時にも、「遅れている」「前近代的」といった言い方がなされている。こうした観念があったからこそ、科学技術の進歩をもたらす高度成長には常に無批判であったし、ともすれば反進歩・反文明に陥るとして反公害闘争や第三世界への反侵略闘争などを異端視してきたのではないか。私が憂慮するのは、未だにこの進歩の観念に対する根底的な反省なしに、今日の日本社会が内包している諸問題の解決が語られている事である。これでは百二十年前と基本的に同じではないか。

ようやく最近になって、高度成長がもたらした科学技術による様々な公害や環境汚染が深刻化するにつれて、近代文明がもたらした「豊かさ」自体を問い直そうというエコロジカルな考え方が抬頭してきたが、それとても、進歩の観念そのものに対するオルタナティブな思想を対置しているわけではないし、また、その様な指向性を持っているかどうかも不明である。そういう私も、説得力のある批判を展開できるかどうか自信はないが、常日頃考えてきた事を提示する事によって問題提起を行なってみたい。

ところで、進歩（プログレス）という観念はいつからあるのだろうか。そう思って古本屋を散策してみたところ、『進歩の思想』（シドニー・ポラード著／紀伊国屋書店）という本を偶然見つけた。本書によれば西欧に於いて進歩の観念が成立したのは十七世紀である。その中心的なものはデカルトの思想であり、ライプニッツ、パスカル、ニュートンらもほぼ同様の観念を持っていた。ところが、この時代にあっては、進歩の観念は科学的一貫性を持たず、公衆の注目も受けなかった。それどころか、その提唱者自身もそれほど進歩を信じていなかったらしい。現在の進歩の観念に最も近いものは、コンドルセ（一七四三〜九四年）に見られる。彼の著作『人間精神進歩の歴史の素描』は十八世紀末に出版されたものであるが、そこには十の歴史段階が描かれている。それを次に列挙してみた。

①原始的部族
②牧畜
③農耕
④ギリシャ科学

⑤キリスト教
⑥奴隷制度の終結
⑦印刷技術の発明
⑧コンスタンチノーブルの陥落と新世界の発見
⑨フランス共和国の創設
⑩未来のフランス共和国

ポラードも指摘している様に、ここでの区分は何ら論理的統一性を有していない。私も、「風が吹けば桶屋が儲かる」とはこの事か、と改めて感心した程である。その内容はともかく、この歴史観の特色は、各々の社会が必然的にその先行する社会から発生し、しかも不可避的に訪れる次の社会への萌芽を内包しているというところにある。こうした歴史観が呈示されたのはこれが最初であり、その後様々な変遷を経て今日に至っている。ちなみに、福沢諭吉が最も大きな影響を受けたギゾーは、このコルドルセと同じ哲蒙思想家の一人である。こうして見れば、現代人にとって疑問の余地すらない進歩の観念も、たかだか二百年の歴史しか持っていない事がわかる。考えてみれば、ルネサンスとは再生――かつての良き社会の――を意味するものであったし、十九世紀の人マルクスでさえ古代ギリシャにコミュニズムの原型を求めているわけであるから、進歩の観念は西欧社会に於いてさえ必然性を持っていたわけではないと言えよう。また、言うまでもなく、仏教や儒教にも進歩の観念はないし、恐らくイスラム教にもないであろう。してみると、私達はそろそろ次の様に問題設定をしてみても良いのではなかろうか。何故、西欧近代にのみ進歩の観念が発生し、それが日本、あるいは多くの社会主義国にまで蔓延していったのか？

この設問に答えるのはそれ程簡単ではない。多くの要因が存在しているのだろうから。しかし少なくとも言える事は、皆が進歩を信じるのは、その根底にある技術の進歩と知（あるいは科学）の進歩を信じているからに他ならないという事である。私にはこれらを全面展開する能力がないので、ここでは、技術の進歩についての具体的な考察を中心的に行ない、最後の方で自然科学の進歩について若干触れてみるという方法を採らせて頂きたい。

最も重要な事は、進歩とは比較概念だという事である。「ＢはＡよりも進歩している」「ＢはＡから進歩したものだ」といった具合に。という事は、比較に用いる価値尺度として何を用いるかが決定的に重要になる。ある特定の価値尺度だけから評価する様な事があってはならない。

具体例をあげてみよう。自転車と自動車とを比較した場合、恐らく誰もが自動車の方が進歩していると見なすであろう。でも何故？　自転車は自動車よりも安価だし運転技術の習得も容易である。ガソリンも要らないし排気ガスも騒音も出さない。万一事故を起こしても被害は小さい。狭い道でもスイスイ走れるし、駐車スペースも少なくて済む。手入れや修理も簡単である……。この様に、多くの点で自転車の方が優れているのに、何故自動車の方が進歩していると人は思うのか。その最大の理由は、自動車の方が**速く大量に**運べるからである。次に、ソロバンと電卓とを比較してみよう。この場合も誰もが電卓の方が進歩していると感じている。でも何故？　ソロバンは電卓よりも簡単につくれるし、半永久的に使用できる。電池も要らない。暗算への応用も効く。日常生活に必要な加減乗除なら、手軽さ、持ち運びやすさ、検算の容易さなども電卓に劣らない。ソロバンにはこれ程の利点があるにもかかわらず、人はやはり、電卓の方が進歩していると思っている。この場合でも、その最大の理由は、電卓の方が、**速く大量に**計算できるからである。この二つの例から、私達が日頃、無意識のうちにある特定の価値尺度からのみ評価している事がわかるであろう。そして、ここで掲げた価値尺度――**速く大量に**――こそ資本の価値尺度に他ならない。資本主義にとっては、より大量の資本がより速く回転する方が、利潤が大きくなるからである。逆に、この資本主義的価値尺度を用いない場合には、たとえ時代的に新しくとも、人は進歩と言わない事もわかる。ごはんよりもパンが、浴衣よりもパジャマが、木造よりもコンクリート住宅の方が進歩していると思う日本人はまずいないからである。

次に重要な事は、進歩とは**無限に良くなる**事を前提にした概念だという事である。ところが、技術には無限の改良なるものは存在しない。もちろん、知恵や工夫や改良によって優れた技術が生み出された例は数多くある。だが、技術というものは、ある段階に達すると、進歩ではなくて多様化する事の方が圧倒的に多いのである。

具体例をあげてみよう。まず料理技術。煮る、炒める、揚げる、干す、漬けるなど多くの技術が幾多の改良を重ねて生み出されてきたが、これらを比較して料理の進歩を語る人はいないだろう。次に医療技術。指圧、針灸、投薬、手術、リハビリ、断食など数多くの技術があるが、ここでも進歩は語れない。患者の体質、病気の種類や程度などに応じて使い分けられるだけである。工学技術でも然り。送電に於ける直流と交流、内燃機関に於けるガソリンやディーゼルやガスタービン、材料に於ける木材や金属やプラスチックやセラミックなど、例を挙げればきりがない。私の好きな音楽の分野でも、例えばオーケストラの弦楽器として用いられるバイオリン、ビオラ、チェロ、コントラバスは多様化の好例であろう。しかも、それらのデザインはここ百年ぐらい全く進歩していない！

この様に、技術の領域に於いては、ある段階までの改良とそれ以降の多様化、新機軸の出現と永い試練による定着、他の技術への波及効果などといった観点から評価されるべきであって、進歩によって評価されるべきではないと私は考えている。

最後に、知および科学の進歩について触れてみたい。ある人はこう考えるだろう。「後の時代の人ほど多くの物事を知る事ができる。そして、良いものは採用し、悪いものは取除くという取捨選択が可能になる。この様にして、人類の知は無限に向上する。」でも、次の様に考える人もいるかも知れない。「全ての物に限界がある様に、人間の知にも限界がある。後の時代の人が知れる量なんてたかが知れている。逆に、後の人ほど記憶や印象が薄れて不確かになる事もあるじゃないか。」私は後者の立場をとりたい。前述した様に、進歩の観念を生み出したのがニュートンやライプニッツの科学であったわけだが、今世紀に入ってから、量子力学や分子生物学の分野を中心にして、これらの近代科学の限界性が論じられる様になった。例えば、近代科学に於いては、物質を分解して行なえば元素に到達すると考えられてきた。その結果、分子、原子、素粒子というふうに多くのものが発見されてきたが、最近の量子力学では、ミクロな分野に於いては、物質は確率的にしか存在しない事が明らかになった。この事は、近代科学物質観が必ずしも普遍性を持っているわけではない事を示している。また、光の速度が有限であり、光よりも高速なものが存在しない事が発見されたのも、無限性に対する大きな反証となり得るであろう。私達の日常生活では、時速一キロで動く歩道の上を四キロで歩くと時速五キロになるというニュートンの式は成り立つが、光速に近い場合には成り立たないのである。まだ結論を出すのは早いかも知れないが、近代科学的な考え方は、わずか三〇〇年で見直しを迫られる事になるであろう。そして、その見直しは、ギリシャ、インド、中国などの科学の検証によって実り多きものになるように思われる。

現在、私が技術あるいは知の進歩について語り得るのはほとんどこれが全てである。ここで触れなかった、社会科学の進歩については、誰か詳しい方がおられたら是非とも教えて頂きたいと思っている。

それでは、この様な進歩の観念が、何故西欧以外あるいは資本主義以外の社会にも波及していったのだろうか。私の結論を先に述べるなら、それは、資本主義の科学技術が持つ珍奇さと甚大なる影響力が基底的な要因である。そして、それに感化された知識人や官僚達が盛んにプロパガンダし、その結果、民衆レベルにまで及んだものと考えられる。その典型は、今日いやになる程開催されている展覧会や博覧会などのショーである。産業用ロボットやOA（オフィスオートメーション）機器の展示会を見れば、その舞台裏を知っている人間は別にして、誰でも圧倒されるに違いない。ロボットのトリッキーな動き、パソコンが描き出すサイケデリックな画像、美しく着飾った女性による流暢なナレーション……。いつの時代に於いても、こうした資本主義的科学技術は人々にとって珍奇な物であったろう。それゆえに、出初めの頃には、誰もが正当に評価できなくなる。そして、あたかも素晴らしい物であるかの様に錯覚する。特に、ハイクラス、ミドルクラスの人間はそうであったと考えられる。広瀬隆流に言えば、「この世はトリックによって成り立っている」とでも言えようか。こうしたパターンが社会主義国や第三世界に一時的に浸透する事自体、不思議でも何でもないと私は思う。

私の能力を超える問題について論じてきたせいか、論旨にまとまりがつかなくなってしまった。私が本稿で述べたかった事を要約すると次の様になる。
・進歩の観念は近代の西欧のみに発生した特異な観念である。
・今日の進歩観は、技術と知（科学）の進歩観を根底に持つ。この観念は、資本主義的価値尺度の最優先、ならびに無限性の信仰に依拠しているが、何ら実体を持たない。
・進歩の観念が西欧以外にも波及したのは、資本主義の科学技術が持つ珍奇さと甚大な影響力のためである。
最初にも述べた様に、これは進歩の観念に対する包括的な批判にはなっていない。とりわけ、コンドルセに現れている歴史の必然性、不可避性について全く論究できなかったのは片手落ちと言われても仕様がないと思う。これについては、後日、別の題材——例えば唯物史観、弁証法の再考——と絡めて論じる事をお約束して、本稿を終りたい。

広瀬隆とパロディ　【一九八八年十一月】

先日、友人から借りた原発徹夜討論会——『朝まで生テレビ』（朝日放送）——のビデオを見た。この番組が放送されたのは今年の七月であるから、これまでに多くの知人から感想を聞いていた。「とにかくおもしろかった」「あんな奴らに原発を任せていると思うと腹がたって眠れなかった」「原発の問題が良くわかった」……。私が見た限りでは、少なくとも前半はそれなりに討論が成り立っており、推進・反対両派の主張がだいたい視聴者にわかってもらえたと思う。この放送によって、「うん。やっぱり原発は要る」などと納得した人は恐らくいなかっただろうから、まあまあ良い番組であったようだ。そして、この番組を実りあるものにした立役者は他ならぬ広瀬隆であり、どう見ても平凡な中年の優男にしか見えない彼が、何故これ程までに若者や主婦層の心をつかむことができたのか私にもようやくわかったような気がした。

近頃、いろんな所から「広瀬隆バッシング」の声が聞こえてくる。原発推進派が彼をタタキたいと思うのは極めて当然であるが、どちらかと言えば反原発の立場を表明している人達――とりわけオールド・ウェーブや学者――からも様々な批判が出されているようだ。「原発の大事故の危険性のみ指摘しており、原発をトータルに批判する視点がない」「危機感ばかり煽るため、却って人々をニヒリズムに陥らせる」……。だが、この批判は当たっていないと思う。ニュー・ウェーブ達が決してニヒリズムに浸っていない事は、高松・東京・泊などにおける彼らの行動を見れば明らかだ。「もう少しで原発は止められる」といった確信めいたものがひしひしと伝わってくる。また、広瀬隆が事故の可能性を強調するのは、チェルノブイリ事故がよそ事ではない事を具体的に知らせる為であって、単に戦術的なものに過ぎない。それどころか、『ジョンウェインはなぜ死んだか』『危険な話』『億万長者はハリウッドを殺す』などをよく読めばわかる様に、むしろ彼の主眼は、原子力産業ひいては資本主義体制を牛耳っている奴らを、その綿密な調査と大胆な推理によって人脈的あるいは歴史的に暴き出し、大衆の目に曝き出す事にある。事故の危険性はその例として扱われているに過ぎない。私はむしろ、的はずれな広瀬タタキなどは止めて、彼のやり方を他方面にも応用する事をお勧めしたい。そのやり方とは……。

これまでの反原発論者と広瀬隆との決定的な違いは、彼がパロディ的手法に依拠している点にあると思う。つまり、従来は原発推進派に対して反原発の正論を対置するという論法に終始していたのに対し、彼は、推進派の論理——資料、コメント、データ、新聞記事など——を巧妙に駆使する事によって推進派の論理そのものを自己矛盾に陥らせるという方法をよく使う。「これは私が言っているんじゃないです。○○電力の社長の発言なんですよ。あなたはこれに反対するんですか?」といったふうに。このパロディという手法はもちろん彼のオリジナルではない。古代ギリシャのソフィストや古代中国の諸子百家、江戸時代の役者や講談士達が常用した方法であり、民衆を教育し、体制を批判する際の最も基本的な論法として受け継がれてきたものである。今日の様に、論理至上主義の文化しか知らない私達にとっては、パロディは新聞の一コマ漫画やお笑い番組に出てくる冗談の一種としての存在価値しかなくなってしまっているに過ぎないのである。ところが、そんな現代社会にも、こうした伝統は必ずどこかに潜んでいるものだ。そして恐らく、現代的価値観から最も遠いところに存在してきた主婦や若者達が、知らず知らずのうちにパロディ精神を温存し、再生産してきたのだろう。近所の奥さんや学校の友人との日常的な無駄話によって。こんなところに、チェルノヴィリ事故というウランに広瀬隆という中性子が当てられたものだから、脱原発ニュー・ウェーブという核暴走事故が起こる様になったと見るのが妥当なところだろう。したがって、今さら広瀬タタキという制御棒を挿入しようとしても既に手遅れである。何故なら、ニュー・ヴェーブ達はもう自分の頭で考え自分の意思で行動する事を学び取ってしまったから。こうした状況から見るならば、この日本に於いても、脱原発はいよいよ秒読み段階に突入したと言えるかも知れない。

他人事ではない。実は、このパロディ的センスから最も遠い存在は、働き盛りの中年サラリーマン層とともに、他ならぬ日本の左翼勢力なのだから。若者の左翼離れは、彼らの保守化とは全く関係がない。左翼にパロディ精神が欠落しているのを彼らが敏感に察知してしまったからである。してみれば、左翼陣営に要求されるのは、資本主義社会自体を資本主義の論理で徹底的に描き出し、それを反転させる事によって社会主義を描き出すといった指向性であろう。これを最もトータルかつラディカルに試みた人物こそ、恐らくマルクスであった。だが残念な事に、彼はそのパロディ劇の上演に失敗してしまった。彼の敗者復活戦をいかに忠実に、しかも今日的に、さらに巧妙に闘うかが問われていると思う。これは簡単な事ではないが、それなりに自覚して努力すれば、今世紀末頃には左翼版ニュー・ウェーブ――もっとも、これは既に左翼と呼べないであろう――が抬頭する事もあながちあり得ない事ではなかろう。反原発オールド・ウェイブの半ば孤立した長い闘いと、広瀬隆の下積み(？)時代の長さを考えるならば、今こそ左翼は覚悟を決めてこの苦闘に挑む時であろう。

私流の社会主義論　【一九八九年三月】

昨年末、東京で二つのフォーラムが、ほぼ時を同じくして開催された。ひとつは『車座ディスカッション』。これは、エコロジー系の人々が、マルクスとの対話を通じて脱工業化社会を目指す事を目的として持たれたものである。もうひとつは『新しい社会の創造を目指して』。こちらは、新しい社会（主義）を目指す左翼系の人々によって行なわれた。残念ながら、私はどちらにも参加する事ができなかったが、参加者からの報告をチラホラ耳にするだけでも、マルクス主義・非マルクス主義を問わず多くの人々が、新しい日本の社会を現実的なものとして模索し始めている事だけはわかった。私は、これらの人々による論議や試みが、少しでも実り多きものになる事を大いに期待している。

本論は、こうした状況に一石を投じようとして書いた、言わば私流の社会主義論である。とはいえ、このジャンルに関しては、私は特に不勉強であるため、どうしても粗野にならざるを得ない。これをひとつの反面教師として、読者の皆さんがそれぞれ自分流の社会主義論を再構築しようという気になって頂ければ幸いである。


本論の前提として、私は二つの史観を拒否した。

ひとつは、奴隷制→封建主義→資本主義→社会主義→共産主義といった図式に代表されるマルクス主義的発展史観である。私がこの史観を拒否する理由は二つある。ひとつは、この史観には理論的根拠がないからである。この史観の原点は、恐らくマルクスの『経済学批判序言』であると思われるが、ここでのマルクスの論述から、はたしてこのような史観が導き出し得るかどうか、ぜひじっくりと再読される事をお勧めする。もうひとつは、この史観が歴史的普遍性を持たないからである。どうひいき目に見ても、この史観の前半部分に当てはまるのは、せいぜい西欧と日本だけであろう。後半部分に該当するものは、今のところ皆無である。そもそも歴史とは、この史観のように単線的・必然的・方向的なものなのだろうか?私にはむしろ、複線的・偶然的・循環的なものの様に思える。

もうひとつは、窮極的・終末論的理想社会観である。人間はいずれ、支配・差別・戦争・

貧困・病気・労働苦などのない、自由と平等と友愛に満ち満ちた善良な人々によって構成される社会を築く事ができるのだろうか？　現在の私の答えは、残念ながら「否」である。同時にそのような社会を実現する必要もないと考えている。もちろんここに表現されている価値観はいずれも好ましいものであるし、それを追求する事自体、私も賛成である。但し、実現はできないであろう。また、ある程度までなら、好ましくないものが存在していたって構わないと思う。風邪のビールスが浮遊していたって風邪をひかない方法はいくらでもあるように。それに私は、人間という生物は、本質的には極めて特異で不安定で危険な存在であると考えているので、そのような人間が永遠に安定した社会を創造しうるとみなす事自体、自己矛盾ではないかと思っている。逆に、それだからこそ、人間が自らをより良くコントロールするものとして、法・倫理・教育・技術などを練り上げていく作業を重要視したい。

以上の論点に基づき、日本の社会主義を模索する上で、私は二つの視座を提起したい。

第一に、日本の歴史と風土に根差した社会主義を描く事である。こういう言い方をすると、すぐに「ナショナリズムに陥っている」などという指摘を受けそうだ。決してそんな事はないと思う。何故なら、この日本ほど自らの文化を他国に依存してきた国は世界でも珍しいからである。それどころか、歴史と風土をラディカルに追究する事によって、もっとリアルにナショナリズムを再考・克服する事が可能になると思う。また、この視座は他国の好ましい経験を採り入れる事を拒否するものではない。むしろ大いに参考にすべきである。これまでの社会主義論は、何となく抽象的で現実味に欠けるきらいがあったが、それは、この視座を忘却し、何か普遍的あるいは超国家的な社会主義なるものがあたかも可能であるかのような錯覚に陥っていたからではないだろうか。

第二に、日本の社会主義もまた多様であり得るという事である。かつてユーロコミュニズムが『社会主義への多様な道』という路線を提起した事があった。ご本家のユーロコミュニズムは最近パッとしないが、そこで提起された路線は、現在、多くのバリエーションを含んで、ペレストロイカ、ポーランドの『連帯』、反核・脱原発運動、および第三世界民衆の闘争などで具体化されつつあるように思われる。そこで私は、この日本にもそれを適用する事を主張したい。よく考えて見れば、一口に日本と言っても、その内実は多種多様である。例えば、北海道と沖縄、あるいは村と町と都市とでは、明らかにその生活形態が異なる。それならば、そこで産み出される法・論理・技術・価値観などにも自ら差異が現れるのは当然であろう。しかもそれらは、どれか一つが正しくて他は全て誤っているといった性格のものではない。どれもがそれなりに正しく、またそれなりに問題も抱えているといった様相を呈するはずだ。もちろんこれらに共通するようなものも存在するし、そういうものを法則化する作業も大切である。だがこれまで私達は、余りにもこの多様性というものを軽視し過ぎてきたのではなかろうか。「真理・正義はひとつ」「AとAでないものとは並存しない」「三段論法は常に正しい」などといった観点から、そろそろ脱却する時期に来ているように思える。

前述したような窮極的・終末論的理想社会観を採らない場合、どこに社会主義の根拠を求めれば良いのだろうか。私は、過去に存在した比較的好ましい社会を現代に即してアレンジする事を提案したい。その場合、革命とは過去を現在的に再生する行為とでも定義しうるであろう。ここでは、現代資本主義のキー観念を題材にして、特に古代ギリシャを念頭に置きつつ、私流の社会主義概念を追究してみたいと思う。

【経済】

ハンガリーの経済人類学者カール・ポランニーは、資本主義以前の社会に於ける経済に共通して見られる法則は①互酬（相互扶助）、②（市場）交換、③再分配であり、しかも②は経済全体に埋め込まれ、その交換条件は予め慣習的に大枠が定められていたと分析している。この見解に従えば、資本主義経済とは、これが逆転して、肥大化した②の中に①と③が埋没してしまった経済であると言えよう。ならば、これを再逆転させればどうか。例えば市《いち》、行商、農家の軒先での野菜の販売、となり近所どうしの物のやりとりや貸し借りなどは、高度経済成長以前の日本社会ではかなりの比重を占めてきたように思う。そしてこれらは、ポランニーの分析にもよく当てはまる。ここで大切な事は、これらの経済行為が、必ずしも利潤動機のみに基いていないのと同時に、コミュニケーションの役割も果たしていたという事であろう。

ところで、経済を意味するエコノミーという言葉は、ギリシャ語のオイコス（家または家産共同体）に由来する。古代ギリシャの経済から私達が学びうる事は、①経済の基本単位は家、②経済の主な担い手は女だという事であろう。


【政治】

同時に、政治を意味するポリティックスという言葉は、ギリシャ語のポリスに由来する。古代ギリシャのポリスについて、関曠野は次の二点を強調している。
①競技祭典（アゴン）が社会的な結合および規範の原理をなした。法とは競技する人々の間のルールであった。
②ここでの法的・政治的制度とは、競技の文化の生命を都市生活の中に活かすという補充的な使命しか持たなかった。それゆえに、男が市民権を独占しても女は被害者意識を持たなかった。
かなり大胆な指摘であり、大いに議論すべき余地があるとは思うが、私達が社会主義的政治を考える際に、大きなヒントとなり得るのではなかろうか。

また、様々な政治制度――例えば、直接民主制と代議制、代議員の選出方法、少数意見の取扱いなど――について、これまで多くの議論と試行錯誤が積み重ねられてきたものの、まだ納得のいくものはあまり見出されていない感じがする。これに関しても、ギリシャ人達の経験はかなり参考になるのではないか。私がおもしろいと思ったのは、例えば次の様なやり方である。第一に、彼らは役割の選出にはくじを用いている。つまり、公職抽選制を採用しているのである。第二に、彼らが最も強く求めたものは発議権の自由である。もし私達が「少数意見は尊重すべきだ」と主張するのなら、まず何よりも、少数者にも発議権を平等に保障する事が必要となろう。第三に、彼らがかたくなに守り抜いたものは、役員の再選の禁止という原則である。これは並大抵の事ではなかったであろうと推測される。当然の事ながら、現代の政治状況下にある私達が、即座にそっくりそのまま彼らのやり方を真似しようとするのは非常に危険である。あくまでもひとつの指標として心に留めて置き、現状に合わせて適用していく姿勢が必要であると思う。

【倫理】

マックス・ウェーバーは、資本主義の倫理はプロテスタンティズムの禁欲的勤労精神（ドイツ語ではベルーフ、英語ではコーリング）の中に最も特徴的に表れていると分析している。確かに、彼の言うように、日常労働を至高のものとして崇拝する思想というものは、ルター以降の西欧と武家社会以降の日本にしか見られないものであり、これをなくしては、資本主義という倒錯した社会もこれ程長くは続かなかったであろう。ところで私達は、この資本主義の倫理を一体何に置き換えれば良いのだろうか。ちなみに、古代ギリシャ人達は、労働を美徳であるとは全く考えていなかったが、また一方では、労働せずに怠ける事を恥であるとも見なしていた。でも何故、あの貧しいギリシャの地に於いて勤勉さを余儀なくされた彼らが、労働に対する嫌悪感や義務感や崇拝などから自由であり、同時にあの豊かな文明を築き上げる事ができたのだろうか。その秘密は恐らく、次の三つに象徴される彼らの倫理の中に見る事ができるであろう。

①アイドスー他者への畏敬の念を持って振舞う

②ディケー正義。正しいこと

③テオリアー現実をありのままに見る

要約すれば、「他者への畏敬の念を持って現実を直視し、正義を見極める」という事になろうか。私見では、この論理は古代中国の仁・義・礼・智などに照応するものであり、必ずしも西欧特有のものではない。また、エコロジーやポストモダンや解放の神学などの中に萌芽的に見られる論理も、結局のところこれらの焼き直しであり、とりたてて新しいものでもない。今にして思えば、あのマルクスが最も強調した批判とリアリズムの精神も、これに通底していたのではないか。こうして見れば、このギリシャ人達の倫理は、私達が目指す社会主義にとっても、十分に検討する価値のあるものと思われる。

【科学技術】

キー概念の最後に、科学技術（テクノロジー）を採りあげてみたい。実は、この言葉は合成語である。そこで手始めに、この合成語について考察してみよう。

上半分の科学とは、実はフィロソフィ（科学哲学）の事であり、フィロは愛すること、ソフィは知を表す。つまり、知を愛する意に他ならない。この言葉を創出したのはギリシャの貴族プラトンであり、ポリスに住む民衆達には全く無縁の観念であった事は強調に値しよう。では、民衆達にとっての科学とは何か。それは、他でもない倫理そのものであり、その内実は前項で述べたとおりである。彼らには、倫理から独立した科学などというものは思いもつかなかった。

下半分の技術という言葉は、ギリシャ語のテクネおよびポエイテスに由来するものであり、いずれも、作ること、作るもの、作る人一般を指す広い概念であった。ポエイテスが詩人を表すようになったのはずっと後のことである。そう言えば、英語のアートも、かつては技術を意味していたのにいつの間にか芸術を指すようになったのもこれと似ている。陶芸は生計をたてるのに不可欠のものであり、演劇や詩歌は生活そのものを巧妙に表現するものであったギリシャ人達には、富有な暇人達が趣味と道楽で弄ぶ今日の芸術などは想像すらできなかったであろう。

この二つの言葉が合体してできたのがテクノロジーであり、西欧でこの概念が明確化してくるのは少なくとも七世紀以降である。さらに、テクノロジーを本業として生計をたてる人間がでてきたのはフランス革命以降であるし、専門家という概念が定立するのは二十世紀に入ってからなのである。こうして歴史を辿ってみれば、資本と国家によって育成された研究所・大学およびそこで再生産され続ける専門家群が、文字通り権力として君臨し始めたのはつい最近である事がわかる。

それでは、大事故の危険性に日々脅え、幾多の公害・環境汚染に曝されている今日の私達は、如何なる科学技術を選択しうるのだろうか。残念ながら、今の私にはその答えはわからない。月並みではあるが、ひとつひとつ具体的にアプローチしていく以外に方法はないであろう。だからここでは、そのアプローチのし方について、私が特に強調したい事をいくつか述べる事でお許し願いたい。

第一に、現状の技術を歴史的に評価する事である。各々の技術について、その起源と変遷を明らかにする作業に着手しなければならない。不幸な事に、この日本にはそういう観点が極めて弱い。少々めんどうかも知れないが、例えば『技術史ハンドブック』のようなものでもつくるつもりで、丹念に調査する事が必要であろう。

第二に、古い技術を掘り起こす事である。現代科学技術がこれ程までに支配的になったのは明らかに高度成長以降であり、その過程で葬り去られた好ましい技術が少なからずあったと推測しうる。したがって、そのような技術を発掘する作業は、やる気にさえなれば、まだ十分間に合うはずである。

第三に、これまで社会的弱者として排除されてきた人達の観点から技術を再評価する事である。私は「ハイテクや強者どもが夢の跡」とでも表現しうる時代がもうすぐそこまで迫って来ているように感じているが、とにかく今の技術は、健康な成人男子が使う事を前提として作られてきたものが非常に多い。もっと、誰もが自分達に適した技術を開発する機会が与えられてしかるべきだと思う。差し当たり、技術開発のイニシアチブを、女・子供・老人に委ねるというのはいかがであろうか。

最後に、もう一度広い意味での技術というものを考えてみる事である。例えば、芸能・芸術や家事・育児なども立派な技術である。なかでも料理は、全ゆる技術の基礎であると言ってもいい程の大きな波及効果をもたらしてきた。これらのものが技術全体の中に占めてきた位置を正当に評価するよう訴えたい。

本論を完結させるためには、ここで、日本の歴史と風土に根差した社会主義の多様な姿――例えば『吉里吉里人』(井上ひさし著/新潮社)――のようにリアルに描き出さなければならないのであるが、残念ながら、今の私にはその能力がない。したがって、誠に不本意ではあるが、以上が現段階に於ける私流の社会主義論の全貌であると言わざるを得ない。とは言え、こうして文章化してみると、自分の到達点と今後の課題がかなり鮮明になってきた事には満足しているし、既存の社会主義論の枠を超えるための手掛かりをそれなりにちりばめる事ができたのではないかと自負している。
読者の皆さんからの実り多きご批判を期待しつつ、本稿を終わりたい。

私の社会主義像――日本共和国のお話！　【一九八九年六月】

初めまして。私は麻衣と申します。十四歳です。これから皆さんに、二〇四〇年の日本共和国について、ザッとお話ししたいと思います。

この国ができたのは今から三十年前。百数十年間続いた資本主義が次から次へと行き詰まってきたのを契機に、私の祖父・祖母達が中心になって、約十年にわたる内戦の末、共生的社会主義を掲げた日本共和国が建設されたのです。この国の理念は、次の憲法第一条（全部で十七条あり、全て三十一文字でできている）に端的に表わされています。

地球はわれらの住み家働いて
食べて語って旅すれば友

人口は約六千万人。内戦の過程で半減しました。その原因は、戦死、事故死（原発・交通・地震・洪水）、病死（ガン・エイズ・栄養失調・アレルギー・その他の難病）、それに海外移住です。この後遺症は現在でも根強く残っており、この国最大の社会問題となっています。

この国の政策について、その骨子を説明しましょう。それは、「三つの義務と七つの常識」から成っています。三つの義務、それは3Hです。

第一は、第三世界の救援（HELP）。日本は革命前、長年にわたってアジア・アフリカ・中南米・太平洋諸国の国々を侵略し、多大な犠牲を強いてきました。その反省の上に立ち、全国民に、学校終了後少なくとも三年間、各国に行って救援活動を行なう事を義務付けているのです。

第二は、医療技術の習得（HEALTH）。前にも述べましたように、革命前から引き続き残っている病人達が多くそのリハビリが必要です。また、健康そうに見える人も、添加物・農薬・放射能などの汚染によって基礎体力が低下し病気にかかりやすいので、日常的な健康管理が必要なのです。これらの活動は決して専門の医師に頼ってはいけないという姿勢に基づき、国民一人一人が自分で医療技術を習得しなければならないとされているのです。

第三は歴史の学習（HISTORY）。従来の日本が持っていた最大の欠点は歴史意識の欠如であるといった観点から、良い点、悪い点を含めて全て自覚し、後世にもしっかり伝えるために、全国民に歴史学習が課されるようになったわけです。

一方、七つの常識とは、農耕、大工、それに、さ・し・す・せ・そ（裁縫・しつけ・炊事・洗濯・そうじ）です。できないと、男も女も一人前とは見なされません。

話は変わりますが、ここで、私の一日の生活（平日）を簡単に紹介させて頂きます。

五時	起床
五時～五時半	体操（太極拳気功）
五時半～六時半	朝食
六時半～七時	弁当づくり・通勤
七時～十一時	農作業
十一時～十三時	昼食
十三時～十七時	月・水・金は事務、工務、ボランティア 水・木・土は同好会（考古学・生物学・囲碁）
十七時～十八時	炊事（父・母と三人で分担）
十八時～二十時	夕食（後片付けは祖母と妹で分担）
二十時～二十二時	同好会（コンピュータ・連歌・卓球）
二十二時～二十三時	日記、翌日の準備
二十三時	就寝

また、家族構成は次のとおりです。
祖母　由里。七十七歳。
母　里美。四十四歳。
父　ジット。三十八歳。パキスタン人。（十二年前に母と再婚）
兄　光。十八歳、現在チリで救援活動。
妹　リーナ。十歳。

なお、私の実父は、私が生まれる直前にガンで死亡しました。

最後に、学校と同好会について説明します。まず学校ですが、これは補助的な教育機関として位置付けられています。就学は四年間。八～十二歳までが普通ですが、特に規定はありません。授業は午前中だけ。内容は3Hと7常識。それに外国語です。一クラスは十人以下です。カリキュラム・校則などは生徒会が原案を作成し、家族会・教師会の同意を得て決定されます。教師はほとんどが老人ですが、皆専任ではありません。もちろん教育費は無料です。なお、保育園はありません。小さい子供は地域の子供会で教育されます。

次に、自治体・区民が一体となって力を注いでいる同好会活動についてご紹介します。これは全くの自主グループ組織で、だいたい数人～三十人で構成されています。分野は幅広く、芸能・芸術・工芸、音楽、映画、文学、自然・人文科学、弁論、スポーツ、料理、ゲームなどに分かれています。少なくとも一人三つ以上に所属しています。この活動は、平日の午後と夜、および日曜日の終日行なわれます。この費用は八割が自治体、二割が参加者負担となっています。年に一回、一週間にわたってお祭りが行なわれますが、そこでは全ての同好会員が日頃の成果を競い合うのです。

以上が私たちの生活の概略です。おわかり頂けましたか？　この国にはまだまだ多くの問題があります。主なものは、医療（費用・ボランティア不足）、差別（民族、不就労者、障害者）、環境（水、森林、海洋汚染）、経済（財政赤字、貿易の不均衡）、それに労働力不足といったところでしょうか。これらについては、時間をかけて少しずつ改善していかなければならないし、私も早くその責任を担えるようになりたいと思っています。

『資本主義―その過去・現在・未来』　【一九八六年六月】

名著である。八十年代における最大の名著であると言って決して過言ではないであろう。普通、書評を書く場合には、著書の内容を紹介し、それに基づいて評者がコメントするのであるが、私は次の三つの理由から、敢えて内容の紹介をしないでおこうと思う。

第一に、著者の資本主義観が従来のマルクス主義者にとってあまりにも違和感が大きすぎるために、その内容を紹介しただけで読者が拒否反応を示す可能性が大きいからである。自ら依拠してきたものが崩壊する場に遭遇した場合、人は批判ではなく拒否をもって対応するのが常である以上、安直にエッセンスのみを紹介して拒否されるよりは、身銭をはたいて購入した本を直接読む事によって拒否された方が、後々のためにいくらかプラスになるであろうから。

第二に、その文章が極めて精緻に綴られているからである。一読しただけでは奇異に感じられる用語も、読み返してみるとよく吟味されて採用されている事がわかる。もちろん、欠落や一面性や論証の不十分性がないわけではないが、そんなものを一掃するくらいデリケートで整合的である。このような文章を、へたな要約によって貶めたくない。

第三に、本論の後編として掲載されている小論文集をも併せて読む事によって、著者が浅薄な思想の持主でも、また、単なるマルクス葬送派でもない事がよく理解できると思うからである。ともすれば、自らの専門の殻に閉じ篭ったり、自らの一面的で受け売りな思想が「全世界を獲得する」と錯覚したりしがちな左翼が多い中で、そうしたものを克服しようとしてきた著者の姿勢がこれらの小論文集から読み取る事ができる。このような姿勢を学び取る事も大切だと思う。

マルクスに依拠しつつマルクスを超える事によって現代社会の変革を目指す者は、本著から最低限次の三点を受け入れる必要があると考える。

一、資本主義は、封建制から連続的に、また必然的に生まれた社会ではない。

二、資本主義は、「物質的生活の生産様式が、社会的、政治的および精神的生活過程一般を制約する」という**原則が原則的に転倒された**社会である。

三、現代資本主義社会においては、労働力の搾取は剰余価値の主要な源泉とはなっていない。

ここではこれらの点について論評する事は避けたい。むしろ、こうした主張を受け入れつつマルクス主義を再構築するとはいったいどういう事なのか、各人が真摯に問い続けられるよう要望する。

著者の内容紹介もなく、更にそれに対する論評も皆無に等しいという、誠に奇妙な、「書評」しか私に書かせない程、本書は私にとって衝撃的であった。ただし、破壊的ではなく建設的な意味として、である。

現在のマルクス主義はノックアウト寸前のダウン状態にある。そしてその事を知らせて8カウントまで警鐘を鳴らしてくれたのは、構造主義であり、エコロジズム、フェミニズム、新従属論などであった。にもかかわらず、当人はせいぜいスリップダウンさせられた程度の自覚しか持っていないように感じられる。そして遂に、本書が9カウント目の警鐘を鳴らした。もし、この警鐘に対して、マルクス主義者が、「関はマルクス主義に敵対している」と憤慨し、「彼とは共同戦線ぐらい張れるだろう」などと意気がってばかりいるならば、やがてブルジョアジーが鳴らすであろうテン・カウント目のゴング音とともに、資本主義の奥底に敷いてあるドス黒いマットの上で永久に眠らされるであろう。

『プラトンと資本主義』【一九八六年十二月】

本書はすでに四年前に刊行されているわけであるから決して新しい本ではないが、私のようなテレゴロ族にとって、四百ページ余りでしかも一頁が二段に分かれているような大著を読むのは極めて苦痛である。そのため、長い間読むのをためらっていたが、一念発起思い切って読む事にした。ところが、読み出すととてもおもしろいのである。数日間、私は本書の虜になってしまった。

本書の目的は、ギリシャとローマの通俗的な解釈に対して筆者独自の検討に基づく大胆な解釈を対置する事を通じて、西欧資本主義のルーツを、マックス・ウェバーの言う古代イスラエルの予言者にではなくプラトンの哲学に求める事にある。そして、ウェバーとマルクスが、かなり接近しつつも遂に到達し得なかったこの事実に基づいている資本主義の終焉の可能性と方向性を探求する事にある。

受験教育の中にあって、歴史の勉強を全くといっていいほどせず、しかも著書が検討した文献をほとんど何一つ読んでいない私が、本書の書評を書く事自体ナンセンスであると言えるかも知れないが、こうした自覚に立ちつつ自らの問題意識と照合させながら、本書にアプローチしてみたいと思う。

通俗的歴史解釈を信じ込んでいる我々にとって、極めて奇異に感じる指摘が各所に見られる。その中で主なものを次に引用してみよう。

「競技の習俗こそギリシャ精神の暗黒時代の試練に対する決定的な勝利を示すものである。それゆえに前七七六年に第一回オリュンピア競技が汎ギリシャ的な行事として開催されると共に、暗黒時代は終りを告げたと言えるのである」

「ポリスの法的、政治的諸制度は、この市民たることをめぐる競技に従属したものにすぎない。(中略)このことが、あの剛毅で行動的なギリシャ女性が男性による市民権の独占に被害者意識を持たなかった理由なのである」

「では一体何が、一年任期で審判役を勤める平凡なアテナイ市民たちに、この高度に洗練された法的思考を教え、そのような認識を強制するのか。答えは一つしかない——それは演劇である」

「例えば、古代ギリシャにおける奴隷制の意義は過大評価されてはならないものである。（中略）ギリシャでは、奴隷がローマにおけるように搾取さるべき労働力であったことはない」

「ソクラテスは、自ら知者となるために学問を志した唯一人のアテナイ人であ。」

「いわゆるプラトン哲学なるものは実は存在しないのである」

「饗宴こそは、ポリスの文化が絢爛として開花した時代における、ギリシャ民族の真の教育制度であった」

「しかしギリシャ＝ローマという広くゆきわたった根も葉もない文明史上の概念だけは批判しておかねばならない。ギリシャとローマという、これほど異なる二つの世界がハイフンで繋がれた原因は、ローマ貴族層による大規模な歴史の偽造にある」

これ以外にも、通説を打破る箇所が数多く出てくるので、痛快な気分が味わえるとともに、これまでの自分の姿勢を大いに反省する必要性を感じてくる。

このようなユニークな説のみならず、これまで私達がわかりきっていると思っていた様々な言葉や概念について、再考を促すような提起が随所に見られる。特に、マルクス主義に浸りきってきた人間にとっては、哲学、弁証法、文学、経済学、政府、行政、学校などのようなものは、当然、歴史通貫的なものであり、したがって、社会主義、共産主義になっても存在する概念であると見なされるわけであるが、本書はこのような「俗説」に対する鋭い批判をも行なっているようである。

　その他、法、言語、テキスト、権力、文化、時間などのような基底的な概念についてもていねいに論じられているし、また、通常マルクス主義者が軽視しがちな、パロディ化、演劇、饗宴、などの積極的な意義なども紹介されている。しかし、当然の事ながら、疑問あるいは展開不十分と思われる点もいくつかあるので、次に挙げてみたい。

　第一に、以前に紹介した著書『資本主義――その過去・現在・未来』（以下、前掲著）と本書との連接について。前掲著に於いて、著者は資本主義を打倒する階級として中世農民を想定し、「我々は中世に向かって進歩する」と断言していたが、本書に於いては、自力で遊びを発明する子供にその役割を委ねているように読み取れる。ここに見られる断絶は如何なる根拠に基づくものなのか。あるいは断絶ではないのか。今後の展開を期待したい。

　第二に、日本資本主義の成立およびその打倒の方向性について。この点に関する論評が、ほとんどなされていないように思われる。とりわけ、日本の民族に特徴的に見られる現象――理屈や論争を好まず義理・人情を優先する、本音で語る事を嫌い、建前を重視する、物事を明確化する事を嫌い、曖昧さを好む、等々――をどう評価し、どう対処するのかを明確にする必要があると思われる。また、西欧・日本以外の資本主義の評価とその変革についての論評も望みたい。

第三に、マルクスの評価について。第11章「資本主義とプラトニズム」に於いて、ウェバーとマルクスについて論評しているが、特にマルクス関連についての論評が不十分であり、説得力に欠けるように感じた。特に、弁証法、労働価値説への批判については、具体的な例証に基づいて行なう必要があると思われる。

以上が私の主要な疑問点および要望であるが、その他にも、情報資本主義の根拠、言語学・精神分析学・文化人類学が資本主義の代弁者となっている根拠などについても詳論される事を望みたい。

いろいろ書きたい放題、無責任な論評を行なってきたが、それにしても、著者の博学さ、いや、執念には感心する他ない。一刻も早く、こうしたスケールの大きい世界観が現実の具体的な運動と密接に結合されると同時に、著者と対等に渡り合えるイデオローグが多数出現してくる事を期待しつつ、私の論評を終りたい。

なお、前回の書評の後で、読者の皆さんから、著者の内容や出版社などが記してなかったために本を購入する事ができなかったという指摘を頂いた。これは全く私の怠慢であり、この場を借りておわびするとともに、本の詳細を左に記す事にする。

▼関曠野『プラトンと資本主義』(北斗出版)

▼関曠野『資本主義―その過去・現在・未来』(影書房)

『地域形成の原理』【一九八年七月】

米の輸入自由化、米価、食管制度など、農業を巡る論議がマスコミを賑わせている。にもかかわらず、私にはどうも議論が上すべりしている感が否めない。一方では「日本の米はアメリカより十倍も高い」「クロヨン税制は不平等だ」「農家は生産・経営の効率化・大規模化・合理化をはかれ」との指摘がなされ、一方は「農業と工業は違う」「生産者米価がこれ以上下がると農家はつぶれる」「米まで自由化したら日本の食糧自給率が更に下がり、国の滅亡につながる」などと反論する。もちろん、こうした議論は決して意義のないものでもなければ空論でもなく、それなりに争点や主張が具体的かつ明確である点については評価したい。私が不満なのは、日本社会の将来的展望やその方向性なしに議論が進められているために、農業サラリーマンといった構図がマスコミによって作られ、それを政府が和解させつつ現実的な政治を行なっているかのように装われている事である。

どうやら私達は、日本の企業が、武家社会ではなくムラ社会から派生してきたものである事を、いつの間にか忘れてしまったようだ。また、日本の政府は明治以来、「アメリカに追いつき追いこせ」以外に何ひとつ指針を持って来なかった類い希なる空洞化政府――経済的に欧米に追いついてしまった今日では、完全に方向喪失に陥っている――であった事も。これを踏まえれば、最近の農業問題の議論とは、言わば、破産宣告を受けたムラの本家と分家とのイザコザに過ぎないものであり、また、政府の政策とは「無為非行」そのものであると言わざるを得ない。しからば、私達はそろそろ、そういうおしゃべりに別れを告げて、新たなる社会形成へのプロムナードに足を踏み入れる時期に来たような気がする。

本書は一風変わった構成になっている。政府の白書や政党の政治文書に例えれば、第Ⅰ部は「一般情勢」に相当し、第Ⅲ部五項は「総括と方針」に相当する。第Ⅱ部〜第Ⅲ部四項では、総花的な用語の羅列や抽象的な言い回しは一切避け、各地域における運動の実態をそのまま紹介している点である。そこで紹介されている地域は、

1　石筵部落（福島県郡山市）
　・自給運動を中心に
2　久美浜町川上地区（京都府熊野郡））
　・給食教育
3　仁賀保町農協（秋田県由利郡）

・農協輻人部の活動

4　日原町農協（島根県鹿足郡）

・老人の取組み

5　耶馬溪町下郷農協（大分県下毛郡）

・都市とのつながり

の五つであり、いずれも地域に根ざした具体的な取組みでありながら、地域の枠をこえた何かを私達に教えてくれると思う。ここから私が学んだ事は、ムラが予想以上に非農業的要素を持ち合わせている事、そこでの民主主義は議題を皆が自分なりに理解するまで時間をかける待ち（町？）の民主主義である事、子供・女性・老人らがそれぞれ独自の役割を持ち有機的に結びついている事、嫁と姑との関係、本家と新宅との関係などの不平等や、田んぼの水争い、畑の境界争いなどの競争をも民主主義の原動力としうる事などであった。その他にも、読者それぞれ学びうるものが異なると思うので、ぜひ読んでみて頂きたい。

また、Ⅲ部五項に於ては、極めてラディカルな総括をする一方、農協――その現状を厳しく批判した上で――の積極的意義を強調したり、あるいは、第二種兼業農家の積極的捉え返し――専業農家の脆ささえ指摘している――を主張するという、保守的あるいは右翼的というレッテルさえ貼られそうな現実的かつ大胆な展開が特に印象的であった。

本書に限らず、農文協人間選書に編入されている本はいずれも水準が高く、テーマも必ずしも農業だけに限定されていないので、『文化としてのムラ社会』といったものを展望するうえで非常に参考になると思う。決して「百姓史観」「ムラ至上主義」などといった先入観を持たないで頂きたい。何故なら、民衆を指すギリシャ語のデモスとは村人の意であり、そこに由来する民主主義（デモス・クラティア）があの都市国家ポリスを産み出した事からもわかるように、村と町と都市とは決して個別的あるいは対立的な存在ではあり得ないからである。

経済、政治、イデオロギー、企業、学校、家庭といった現代社会の主要な構成要素が次第に凋落、解体、空洞化、抽象化しつつある今日、本書の提言は特に大きな意味を持つと思われる。そして、例えば「秩父困民党」のような、切実さと茶目気とを合わせ持ったセンスに満ちあふれたフィーリングを新人類以降の世代が徐々に体得していくならば、本書の『ムラ社会』は彼らにとって最もナウい可能性として現実味を帯びてくるのではないだろうか。

▼農文協文化部『地域形成の原理』（農山漁村文化協会）

『豊かなアジア貧しい日本』【一九九〇年一月】

今、明らかに社会の枠組が変更を余儀なくされている。ソ連・東欧諸国の変革然り、世界経済のマネー・ゲーム化然り、工業化社会の崩壊現象然り……。そして、これらに共通しているのは、いずれも既成の理論や学説の修正・改良だけでは、問題解決の糸口すら見出せないという点である。にもかかわらず、それに代りうる新しいものが存在するかと言えば、それもはっきりしない。どうやら世界中が方向喪失に陥っており、様々な試行錯誤がようやく始められたばかりといった感じがする。そんな中にあって、こうした動向に最も鈍感な日本だけが、自然や人間や第三世界へのなり振り構わぬ侵略行為に依拠して目先の利益を享受し、一時的な好況に喜々としているのではなかろうか。

とはいえ、この日本に於いても、まだまだ少数ではあるが、このいびつな社会状況を変革する新たな方向を模索し始めている人々が存在する。本書の著者もその一人に数える事ができるだろう。彼は、京都の龍谷大学経済学部の教授であり、同時に日本エントロピー学会の会員でもある。だが、普通の学者と異なるのは、彼が二十余年にわたってアジア経済研究所に勤務し、しかもその労働組合幹部としてアジアに関わって来た事、あるいは、大学に於いてもフィールド・ワークを学問の基礎に置いている事などに端的に表れている様に、自分の目で見回し自分の頭で考える事を胆に銘じている点であろう。

本書の目的は、アジア民衆の視点から見た生命系の経済をスケッチする事であるが、そこから何を学びとるかは読者次第である。したがってここでは、私が最も興味を持った『地域自立の経済学』について少し紹介したい。著者は、全ての資源を自給自足するのではなく、地域化すべき資源を区別し、その優先順位をつける事を提案している。その優先順位とは、具体的には

①土地所有の地域化
②労働力の地域化
③信用の地域化

である（詳細は別表参照）。そして、そのキーポイントはそれぞれ次のようなものであると述べている。

①土地所有――土地など商品化しない）の非労働生産物は地域に固定させて置く。しかし、労働生産物（食料・機械など）は地域を越えて動かす。
②労働力――商品としてではなく人格として人が動く場合（留学、国際結婚など）はどんどん動いた方が良い。
③信用――商品にならない信用を多様化していく。農協や信用金庫が集めたお金は地域内で循環させる。

本書から教えられる事は数多くある。特に「アジアは貧困だ」「援助は良い事だ」といった、

多くの日本人が何の疑いもなしに持たされている認識がいかに誤っているかを多くの具体例を挙げてわかりやすく論じている箇所は、私にとってたいへん勉強になった。また、その他にも、洗濯という仕事を別の観点から論じたり、著者自らのフィールド・ワーク体験に触れたり、全く読者を退屈させない読み易い本である。

一読をお勧めする。

▼中村尚司著『豊かなアジア貧しい日本』（学陽書房）

第三部　日本の医療と病院を根本から見直す

前半の「よしなしごと」は、私が岡本病院と高雄病院（いずれも京都府）に勤務していた時、院内報に書いたものである。職員が気軽に読めるようにユーモアを交えて書いた。私の医療感がにじみ出ていると思う。

後半の「日本の医療に対する四つの提言」は特に京都大学大学院で学んだことを中心にして書いたものである。私の集大成と言えるかもしれない。二十年近く経った今でも、この提案は決して色あせていないと確信している。

よしなしごと岡本病院時代【二〇〇三年】

第一話　開会宣言

先日、馬場事務長から、「中谷はん！　院内報の原稿を集めるのに苦労しとるんや。何か書いてぇな。」と言われたのが契機になり、「原価計算の基礎知識」に引き続いて、この連載を担当する事になった。

この連載では、これまで私が島津製作所・高雄病院・京大大学院・医療機能評価での病院訪問・読書などから得た情報や知識の中から、読者の皆さんが「へぇ～」「なるほど」「そんなアホな！」と唸るような話題を提供するつもりである。そのため、書きたい放題に書く予定なので、次の三条件のうちひとつでも成立したら、その時点ですぐにこの連載が終了する事を、皆さんと馬場事務長にあらかじめ宣言しておきたい。

一、「へぇ～」「なるほど」「そんなアホな！」と唸る読者が誰もいなくなり、これを読まずに「現代日本温泉考」に走られたとき

二、「崇高な院内報に、なぜこんなくだらん原稿を載せるのか？病院の品位が疑われる！」という苦情が複数の読者から届いたとき

三、ネタが尽きたとき

ここで採りあげる話題は、その八～九割は医療・介護・保健に関わるものから選ぶ予定であるが、残りの一～二割は哲学・人生観・政治などに関わるものにも触れてみたい。また、毎号書くと寿命が縮まると予想されるので、一回おき（月に一回）のペースで書くつもりである。

なお、誤解を招くといけないので念のため説明しておく。タイトルの「よしなしごと」とは、「由無し事」すなわち「とりとめのないこと」を意味している。「……心にうつりゆく由無し事を、そこはかとなく書きつくれば……」という徒然草の一節から拝借したものである。くれぐれも、「よしな！仕事」などと勝手に解釈して、仕事をサボる口実にする事のないように注意して頂きたい。

では、次回からよろしくお願い致します。

第二話　患者満足度

「もし、『良い病院かどうかを判定するための指標を、どれかひとつだけ選びなさい』と言われたら、あなたは何を選ぶ?」と尋ねられたら、私は即座に「患者満足度です」と答えるだろう。なぜなら、医療機関に対する私の定義は、「診療サービスの提供によって、患者・家族に満足を与えるための施設」だからである。つまり、患者にとって病気が治る事や症状が改善する事は、重要な満足の一部ではあるが、必ずしもそれが満足の全てではないと私は考える。

大学院で教わったのだが、欧米での疫学研究によれば、「国民の健康や寿命の伸びに対するヘルスケア(医療・介護・保健を合わせたもの)の貢献度は、せいぜい二〜三割に過ぎない。」という見解が多数を占めているそうだ。「いや、七割は貢献している」というレポートもあるが、こちらは少数派らしい。つまり、食生活や栄養状態の改善、上下水道の整備、衛生的で安全な労働環境、快適な住環境などによる影響の方が、圧倒的に大きいという意味なのだろう。もちろん、この種の疫学研究は、その条件設定が非常に難しいので、「この多数の見解が絶対に正しい」とは断言できないが、「現時点では暫定的に正しい」と言う事は可能であろう。だとすれば、医療機関従事者は、「国民に健康を与えられるのは我々だけだ」などと思わずに、もっと謙虚になる必要があるのではなかろうか。もちろん、自分の仕事に対してプライドを持つ事は重要であるが……。

『患者満足度』（前田泉他著／日本評論社）によれば、特に外来診療では、患者満足度の重要な指標は次のふたつだけだそうだ。

一、医師が、親身になって患者の話を聞いてくれる

二、医師が、病気や治療について、わかりやすく十分な説明をしてくれる

一方、入院では、やはりこのふたつの指標がトップを占めるが、これに加えて、「医療技術」「建物の快適性」「給食サービス」も重要な因子であると書かれていた。奇しくも、『患者が決めた！　いい病院ランキング』（オリコン・メディカル刊）でも、これと同じ結果が紹介されている。

以上の内容から判断すれば、これからの病院経営では、患者の満足度を高める能力の高い医療スタッフ（特に医師）の獲得と、それに向けた教育・研修の徹底化が、最重要視されるのではなかろうか。

第三話　行列のできる病院

昨年、当院に就職し、初めて外来待合室を見て驚いた。何と、診察の受付をするために、

外来患者が朝早くから並んでいるではないか！実は、以前私が勤務していた高雄病院では、外来診察は全て予約診療になっているため、外来患者が並ぶ光景は、全くと言っていいほど見られない。ここまで読まれた聡明な読者は、「はは〜ん。きっと中谷は〝高雄病院の真似をして、当院も外来診療の予約制を全面的に導入せい！〟と提案するつもりだな……」と思われたに違いない。

ところで皆さんは、行列のできるラーメン屋と、並ばずにすぐ座れるラーメン屋とでは、どちらに行きたいと思うだろうか？「並ぶのは好きやないけど、行列のできる方に行ってみたい！」とおっしゃる方が多いのでは？　ならば、病院だって同じ事が言えるはずである。いや、むしろ受付に行列ができる現象は、患者に人気がある事の重要なバロメーターであると言えるかも知れない。

前回ご紹介した著書『患者満足度』によれば、「予約した」患者群と「予約なし」の患者群とで待ち時間に対する満足度を比較する調査を行ったところ、満足度では、両患者群の間に違いが見られなかったそうだ。

また、「実際の待ち時間そのものが満足度に影響を及ぼすのではなく、事前の期待との不一致が満足度に影響を及ぼす」という調査結果も紹介されていた。つまり、「待ち時間は満足度の指標の中では副次的な因子」「待ち時間自体を減らすよりも〝あと○○分程お待ち頂きます〟というメッセージを患者に伝えておく方がより重要」という結論になるらしい。

この調査結果は何となく奇異な感じを受けるが、よく考えてみれば、うなずける気がする。確かに、ラーメン屋で並んでいる客に「待ち時間はどうですか?」とインタビューすれば、恐らく全員が「短くして欲しい」と答えるに違いない。しかし、それでもその客は、並ぶのをやめて他の店に行く事はしないだろう。また、予約でなければ二時間待たされるかも知れないのに、「予約制なのに三十分も待たされた!」という患者の不満も時々耳にする。

この見解に従えば、待ち時間調査結果のみに基づいて待ち時間を率先して減らそうとするアプローチは短絡に過ぎ、特に、医師の説明・応対・診療時間などの主要な因子を犠牲にしてまで待ち時間を減らそうとするのは本末転倒だという事になる。でも、やっぱり、余りにも長過ぎる待ち時間は何とかしないと……。

第四話　カルテは患者のもの?

私は、今から十五年ほど前に民間企業から病院に転職したが、病院の仕事を覚えるため、最初の三か月間は医療事務に配属された。その時に強く感じた事がふたつある。ひとつは、保険請求という不思議な(?)業務に医事課の職員が多くの時間と労力を費やしている事に対して、「なぜ、たかが請求書作成ごときにこれだけの人材と労力を割く必要があるのだろう。

こんな業務は専門業者に委託し、医事課の職員はもっと生産的な業務に従事すればいいのに。しかも、月初めの一週間だけ固定超勤になるのだから、その人件費だけでももったいないではないか！」と素朴に思い、今も思っている。

もうひとつは、患者のカルテや診療記録の保管にかなりのスペースを取られるので、「カルテは患者が家に持って帰ればいいのに。外来には、患者が自分のカルテを持って来て、診察が終われば持って帰ればよい。また、入院の場合は、入院中は病院がカルテを一時的に預かり、退院時には患者が自宅に持って帰ればいいではないか。もし、患者がカルテを紛失したら、患者に必要な部分だけを病院が有料で再発行してあげれば事足りるだろうに」と素朴に思い、今も思っている。

ひとつ目の事については、そろそろ夢物語ではなくなりそうな気配がしてきた。特に、診療報酬の包括化が、療養病床だけでなく急性期医療などにも適用される公算が大きいので、遅かれ早かれ、保険請求業務は大幅に簡素化されていくだろう。

ところが、ふたつ目の方は、実現される気配がほとんど感じられない。「カルテは患者のものだ」とよく言われ、個人情報保護法もその趣旨で制定されたはずだが、私には建前と現実との乖離が非常に大きいように感じられる。私としては、貯金通帳やキャッシュカードと同じように、患者がカルテを自分で扱えるようにできれば良いと考えているのだが……。あるいは、電子カルテが多くの医療機関に普及すれば、その基礎ができるのかも知れない。また、吉原教授（京大病院医療情報部）が中心になって進められている〝広域連携医療情報センター〟が広範囲に機能するようになれば、患者がこのセンターにアクセスするだけで自分自身の診療データを見る事ができるようになるので、事実上、カルテを患者が所有している事になるのかも知れない。

いずれにしても、名実ともに「カルテは患者のものだ」と認識される日が少しでも早く到来するのを、私は首を長くして待っている。

第五話　芸名の飛びかう病院

「病院はサービス業……」とかつての厚生省が言い始めたころ、私は、「そうか。じゃあ、病院はどの業種に似ているのかな？　ホテル？　旅館？　ペンション？　何か違うな」と自問自答した結果、「そうか。芸能界に似てるんだ！　医師は主演男優で看護婦は助演女優。そういえば、どちらも何となく世間離れしているし、自分の回りにスキャンダルが起きても案外平気だもんな。コメディカルは通行人や群集みたいな〝その他大勢〟の出演者で、事務は照明係や舞台係などの裏方。フムフム……」と勝手に納得していたものだ。

実は最近、奇妙なアイデアが浮かんだので、ここで提案してみたい。それは、「入院患者を芸名で呼ぶ」というものだ。患者が入院する時に、「あなたが呼んで欲しいと思う芸能人や有名人は誰ですか？　当院では、あなたをその名前で呼び、病室の入口にも掲示させて頂きます。但し、現在入院中の他の患者さんがすでに使っておられる芸名は選べませんのでご了承下さい」と説明し、自分の好きな名前を選んでもらうのだ。「木村拓也さん、今から注射でーす」と看護師に言われれば、少しは痛みも和らぐだろうし、「浜崎あゆみさん、食事の用意ができましたよ」と言われれば、食事もおいしく感じるかも知れない。また、蓄尿が必要な場合でも、この名前を蓄尿瓶に書いておけば、プライバシーも少しは守れる。一方、病院側も、入院カルテなどに〝芸名欄〟を設けておけば済むので、業務上の支障はほとんどないと思われる。さらに、同姓同名の患者が存在しなくなるので、患者誤認の防止にもいくらか役立つ。

ついでに、職員にも芸名を付けてはどうだろうか。例えば、頭の薄い医師を「ジダン副院長」と呼び、やや太めだが歌の上手な中年看護師を「天童よしみ師長」と呼び、若い演歌好きのイケメン検査技師を「氷川きよし君」と呼び、栄養指導に来る〝負け犬〟の栄養士を「遥洋子さん」と呼びながら診療を行えば、患者からかなり親近感を持たれるだろう。また、職員も和やかに仕事ができるだろうし、少なくとも職員間の険悪なムードを緩和するのには役立つと思うが、いかがであろうか。

最近、多くの病院が患者を「患者様」と呼び始めたが、〝患者と医療従事者とが協同して病気を治す〟という観点からみて、私は「患者様」という呼び方には疑問を感じている。それならば、いっそのこと、患者を「○○さん」と芸名で呼べば、雰囲気がなごむと同時に、患者と医療従事者との垣根を取り除くのにも役立つと思うのだが……。

第六話　理念と基本方針

法人設立五十周年を契機に、法人の理念と基本方針が一部変更された。そこで今回は、日本医療機能評価機構（以下、機構）の考え方を参考にしつつ、理念と基本方針の作成・見直し方法を考えてみたい。

機構によれば、理念とは「その病院の設立趣旨・存在理由・運営信条などを表したもの。病院職員に精神的なバックボーンを与えるものが望ましい」とある。私見では、病院の独自性を積極的に盛り込んだ理念が好ましいのだが、機能評価で病院を訪問すると、病院の顔が見えにくい当り障りのない理念を作成している病院がかなり目に付く。

一方、基本方針については「理念を達成・実現するために、基本的に守るべき重要事項。より具体的に表現され、自院の役割・機能が述べられている事が望ましい。また、「中長期計画との間に一定の整合性が必要」と書かれている。これに加えて、基本方針には次のような条件も求められるであろう。
一、誰にでも憶えやすいもの。したがって、せいぜい四項目までとし、語呂も工夫する。
二、職員のみならず、患者や地域住民も、これらの項目が実行されているか否かを客観的に評価できるようなものが望ましい。
これらのポイントは、皆さんが自分の職場の年度目標を作成する時にも役に立つと思われる。この場合には、さらに、職場のスタッフ間で十分に討議したうえで、職場の目標を決める事が重要である。所属長が独自に作成してしまうと、「絵に描いた餅」になってしまう可能性が大きい。

話はそれるが、日本国の理念と基本方針は、恐らく日本国憲法に盛り込まれているのだろう。理念は憲法前文、基本方針は憲法の各条文に……。実は、評価機構の審査項目（1.1.1.4）に「基本方針は定期的に見直されている」というものがあり、「少なくとも三年ごと、あるいは外部環境などに変化が見られた場合に見直す」事が求められる。これを日本国に当てはめると、「憲法の条文は定期的に見直されているか？」というふうに読み替える事ができるが、だとすれば、日本は国家として認定されない事になりはしないか？ちなみにスイスでは、一八七四年に憲法が制定されてから、百三十回以上も憲法改正が行われているそうだ。

なお、憲法改正の是非について言及するのが本論の目的ではないので、これについては皆さんが自分で考えて頂きたい。

第七話　トップの四条件（その一）

ＳＭＡＰがいくら「ナンバーワンにならなくてもいい……」と歌っても、一番を目指す事自体は必ずしも間違いではないと私は思う。むしろ、多くの人が、「私はこのジャンルで一番になるんだ！」と思えるように、多くの分野を設け、多様な価値観が受容される事の方が大切であろう。

それはともかく、組織のトップに求められる条件は何だろうか。もちろん、唯一の正解はないのだろうが、私は、米長邦雄（東京都教育委員。元プロ棋士）の意見にほぼ賛成だ。彼は、少なくとも次の三条件を兼ね備えた人物のみが、将棋界のトップになれる（勝負の女神が最後に微笑んでくれる）と述べている。

①　プライドを持っている

②　謙虚である

③　いつも笑いがある

確かに、この三つの条件を全て持ち合わせている人物は意外に少ないと思われる。

米長は、さらにもうひとつの条件が備わっていれば申し分ないと言っている。それは、

④　鈍（どん）である

という条件だそうである。つまり、「鋭敏な人よりも、ある程度鈍感な人の方がトップにふさわしい」という意味なのだろう。これは、一見すると逆のようにも思われるが、私には何となくわかるような気がする。実際に、木村義雄、大山康晴、中原誠、羽生善治らの将棋は、特に序盤はどことなく鈍い感じがしないでもない。思うに、鋭敏な人というのは、ある局面で良い手を見つける時も鋭いが、逆に自分が指されては困る手を見つけるのにも敏感なため、それが相手に何となく察知されてしまう。そして、それを繰り返しているうちに疲労が蓄積し、結局、最も大事な勝負所で間違えてしまうケースがままある。一方、鈍感な人は全くこの逆で、勝負所で実力を発揮している感じがする。

したがって、病院でも会社でも政党でも、組織のトップにふさわしい人物か否かを判定するには、上記の三～四条件に照らし合わせて評価してみれば間違いが少ないかも知れない。

なお、余談だが、私自身は上記の二に欠けるので、組織のトップには向かない。五年余りの事務長経験で、ようやくわかった。鈍いなぁ……。

第八話　トップの四条件（その二）

前回、「組織のトップに相応しい人物の四条件は、①プライド、②謙虚、③笑い、④鈍（どん）」であると私は述べた。今回は、この応用編として、「二人合わせてこの四条件を達成するようなタッグを組む」方式を提案したい。というのは、上記の四条件を全て備えている人物なんて実際にはそんなにいる筈がなく、仮にこのような人物がいたとしても、その人が引退したらその組織は終わりになる公算が大きいので、実際、組織の継続性が保ちにくいと思われる。また、過去には「ホンダの本田宗一郎と藤沢武夫」「ソニーの井深大と盛田昭夫」などのように、タッグ方式で優良企業を育て上げた実例もあるので、この方式の方がより実用的であると私は考えている。

具体的には、まず、上記①〜④の各々について、例えば以下のように点数を付ける。

「1点……極めて低い」「2点……やや低い」「3点……やや高い」「4点……高い（最適）」「5点……過剰」

また、二人の平均点については、おおよそ次のように評価する。

「2点未満の項目が一つ以上ある……組織崩壊寸前」

「2点以上3点未満の項目が一つ以上ある……将来、組織崩壊を招く」
「全項目が3点……何とか組織を維持できる」
「全項目が3点超4点未満……ほぼ優良な組織」
「全項目が4点……将来、超優良組織に」
「4点超の項目が一つ以上ある……組織が常に不安定」

次に、ある人物の点数が「①…5点、②…2点、③…4点、④…3点」だとしたら、この人は、例えば「①…3点、②…5点、③…3点、④…4点」といったタイプの人物とタッグを組めば、二人の平均点が「①…4点、②…3・5点、③…3・5点、④…3・5点」となるので、この組織は「ほぼ優良な組織」と判定される事になる。

但し、断っておくが、上述した評価方法は私の全くの〝持論〟であり、何の理論的・疫学的根拠もない。実は、「この方法を徹底的に研究して〝中谷式トップ四原則理論〟を確立し、ノーベル賞でも狙ってみようか」と考えた時期もあったが、結局、やめる事にした。なぜなら、もし仮に私がノーベル賞をとったら、島津製作所の関係者から二人もノーベル賞受賞者が出る事になり、島津が過大評価されてしまう。これは、決して好ましい事ではないと判断したからである。この判断が正しいか否かは、いずれ、どこかの優秀なトップの方にでも聞いてみよう……。

第九話　疫学

今回は、正月ボケのついでに、やや過激な（?）話題をひとつ……。

日本の医療・保健には「健康診断は行った方がよい」「歯磨きは虫歯の予防に役立つ」「炭水化物を多く摂る日本式の糖尿病治療食は糖尿病治療に効果がある」「かぜに対して薬を処方するのは正しい」「インフルエンザワクチンの予防接種は行った方がよい」などといった〝一般常識〟が存在していると考えられますが、皆さんは、はたしてこれらの〝一般常識〟にはどれほどの根拠があると思われますか?

話は変わりますが、欧米では、医療・保健の根拠（evidence）を確かめるために、疫学調査が盛んに行われています。疫学（epidemiology）とは、病気の原因や治療の効果などを、個人ではなく集団を対象にして調査し、統計学的手法を用いて評価する学問です。例えば、「喫煙すると肺がんの危険性が高まるか?」「携帯電話の電磁波は脳腫瘍の発生を増やすか?」などを調べる場合にこの手法が用いられる訳です。

ところが残念な事に、日本ではこのような疫学調査がほとんど行われていません。その主な原因は、医学生のほとんどが国家試験に合格して医療現場に就く事のみを目的にしてきたため、大学で疫学をしっかりと学んで公衆衛生（Public Health）の分野に進む医師が極めて少ない事にあります。したがって、日本で行われている医療・保健の大部分には、疫学に基づく裏付けがない――つまり根拠 evidence）が乏しい――と言わざるを得ません。

実は、私の知る限りでは、冒頭に紹介した〝一般常識〟のほとんどについても、疫学調査に基づく根拠はほとんどありません。それどころか、これらの〝一般常識〟は、驚いたことに欧米では、疫学調査に基づいてほぼ否定されているのです!!

日本でもようやく最近になって、厚生労働省が「根拠に基づく医療」（EBM:Evidence Based Medicine）という言葉を使い始め、わが国でも疫学調査を担いうる公衆衛生医師の育成が必要だと言い出しました。もちろんこれはこれで好ましい事ですが、はたして今後これがどこまで浸透して具体化されるのか、現段階では全く不明です。

欧米でもレベルの高い医学雑誌（〝Lancet〟〝JAMA〟〝NEJM〟など）では、社会的意義や疫学的裏付けの乏しい論文はなかなか載せてもらえません。できれば将来、「我々の病院では、毎年、これらの雑誌に論文が載るんですよ！」と胸を張って言えるようになればよいと私は思うのですが、いかがでしょうか……。

第十話　患者満足度調査を成功させる秘訣

先日、ある雑誌をパラパラとめくっていたら、〝患者満足度調査――成功のコツ教えます〟という見出しが目に入ったのでさっそく読んでみたら、そこで強調されているポイントは、ほぼ次の五点でした。

①質問用紙は、患者に直接渡して書いてもらおう
・受付や待合室に置いておくだけでは不十分。
②一つの質問で複数の事を聞かない
・「医師や看護師の応対は？」はダメ！「医師の応対は？」ならＯＫ。
③質問の選択肢は四つに
・「大変満足」「満足」「やや不満」「大変不満」の四つが標準。選択肢を五つにすると、ひとは、真中の「普通」「どちらとも言えない」を選びがち。
④質問項目の最後に、必ず、「またこの病院に来たいと思いますか？」を入れておく
・この回答に、患者の本心が表れやすい。
⑤調査結果を、必ず医師を含めた全部署にフィードバックする

これ以外にも、「調査目的を明確に」「調査期間は一週間以上。最低百の回答を得る」「年齢、

性別、住所、当院を選んだ理由、アクセス方法などが把握できるようにする」「結果を患者にも開示する」なども大切だと書かれていました。

ここで強調されている事柄は、アンケート調査業務に携っている人にとっては常識中の常識なのかも知れませんが、この方面に疎い私にはほとんどが初めて聞いた内容であり、たいへん参考になりました。皆さんはいかがでしょうか。私はこれまで医療機能評価で病院を訪れた時に、できる限り患者満足度調査の結果や投書の内容を見る事にしているのですが、上記のポイントを十分に理解していると思われる病院に遭遇した記憶が余りありません。したがって、もしかしたら当院でも知られていない可能性があるかと思い、あえて今回紹介させて頂きました。

そう思いながら、ある日、新装開店してからあまり日が経っていないラーメン屋に行ったら、そこで渡されたアンケート用紙は、ほぼ上記を満たしていました。やっぱり病院は遅れているのでしょうか？　それとも単なる偶然？

第十一話　少子化問題を考える

ご存知のように、日本における少子化の進行は驚くほど早く、このまま行けば、二〇〇七年には人口の減少が始まるのはほぼ確実です。そして、この少子化になんらかの歯止めをかけようとして様々な取り組みが展開されていますが、どの取り組みもそれほど成果を上げているようには見えません。これはなぜでしょうか？

『バカの壁』で一躍有名になった養老孟司氏は、著書『逆さメガネ』の中で、「少子化の根本原因は〝社会全体の都市化〟」と述べています。「子供は〝自然〟である。なぜなら子供は、自然と同様に先が読めず、大人（人間）の思うようにならない存在だから。都市化社会は〝人間の意のままにならない自然〟を嫌う。したがって、同様に、〝大人の意のままにならない子供〟も、〝存在しないもの〟〝存在しては困るもの〟として扱われ、その結果、少子化が進行する……」。もし、この見解が正しいのであれば、少子化問題の根は相当深い事になりましょう。

もうひとつのベストセラーになった『負け犬の遠吠え』（酒井順子著）を読めば、〝負け犬〟（三十歳以上の独身で子供がいない）の女性が着実に増えている事がよくわかります。著者は、自分が〝負け犬〟になってしまった事を後悔していないようです。だって、「負け犬になった時の十か条」を本書で紹介していますから……。

したがって、このような状況を見れば、戦後のようなベビーブームを引き起こすための政策やキャンペーンを展開しても、余り効果がない事は明らかであり、実際、スウェーデンでもそれほど成果を上げていないように思われます。一方で、「途上国から子供を引き取れば？」という意見もありますが、この方法では、お互いの幸福につながらない場合が多くなると考えられます。

それならば、知恵の乏しい私が思いつく方策はひとつしかありません。結婚しなくても安心して子供を産み育てることができるような社会制度と風土を形成する事です。「結婚は気が進まないけど、子供は欲しい」という女性はそれなりに存在しているのでは？　そして、これでも少子化に歯止めがかからなかったら、いよいよ私達は次のように開き直るしかないでしょう。「我々日本人は、世界史上で初めて〝明るく楽しい少子高齢化社会〟を実現するための壮大な実験に着手するのだ。その結果、世界の人口爆発を緩和し、来たるべき食糧難にも対応しうる社会が創設可能である事を、身をもって世界に示すのだ……」

第十二話　人間とチンパンジー

「人間とチンパンジーの主な違いを三つ以上挙げて下さい」と言われたら、皆さんはいくつ答えられますか？　『天才と分裂病の進化論』（ディヴィッド・ホロビン著／新潮社）では、
①はっきりとした直立歩行。
②尻・胸などに蓄えられた多くの皮下脂肪。
③脳の脂肪（人間の脳は、水分を除けば六十％が脂肪）。

④脳と連動して言語等を発する事ができる、高い呼吸器系機能。

が挙げられていました。本書の要旨は、だいたい以下のとおりです。

・今から十五〜十三万年前、アフリカのある地域に住む人間に大きな突然変異が発生し、現生人類が誕生した。その後、この現生人類は世界各地に移動し、数万年後にはそれまでの先行人類が地球上から絶滅した。

・この現生人類の特徴は〝分裂病（統合失調症）気質〟である。史上初めて、宗教などの抽象的思考や芸術・高度技術などが生まれ、「均一から多様へ」「安定から変化へ」「平等主義から差別化へ」といった、極めて創造的かつ破壊的な人類社会が形成されていった。

・現生人類誕生後に起こった最初の大きな歴史的変化は、農業革命（一万五千年〜五千年前）である。特に水棲食物中心の食事から穀物中心の食事への変化は、人間に健康状態の悪化をもたらした。

・現生人類誕生後に起こった次なる大きな歴史的変化は、産業革命（十八世紀）である。これによって、人間が精製食品や飽和脂肪酸を多く摂取する事になり、正常な脳に必要な必須脂肪酸の摂取量が更に減少した。そして、それに伴って分裂病（統合失調症）の症状が悪化していった。

・分裂病は世界各地に均等な割合（人口の一％弱）で見られる唯一の病気である。但し、先進国では症状の悪化が見られるのに対し、途上国では症状の悪化はほとんど見られない。

要するに、脂肪に着目して現生人類に見られる。〝分裂病（統合失調症）気質〟を考察している点が、本書の核心だと思われます。このような視点に対して違和感を持たれた方も多いでしょうが、私見では、著者の考察は生理学や生化学の理論にも適っており、決して荒唐無稽なものではありません。

本書の考察は、統合失調症などの精神疾患のみならず、多くの生活習慣病やガンなどにも応用できる可能性が大きいので、興味をお持ちの方にはご一読をお薦め致します。

第十三話　ドクター・ハラスメント

「日本の医師に最も欠けているものは、患者・家族などとのコミュニケーション能力ではないか」と私は常々思ってきました。そんな中で、最近、『ストップ・ザ・ドクハラ』（土屋繁裕／扶桑社刊）という本を読む機会があり、このような思いをさらに強くしています。たいへん優れた本だと思うので、興味のある方はぜひお読み下さい。

ドクハラとは〝ドクター・ハラスメント〟の略語です。これは、この本の筆者による造語であり、「患者・家族の心を傷つける、医師や医療従事者の言葉・行動・態度・雰囲気など」を指しています。「どうして患者さんの座る椅子は座り心地の悪い粗末な丸椅子で、医者の座る椅子は肘掛けのついた立派な椅子なのでしょう?」という疑問を筆者が提起していますが、このような外来診察室の雰囲気もドクハラになる訳です。また、「患者に同意させることは説得です。です。〝説得〟と〝納得〟とでは、主体性が医者にあるのか、患者さんにあるのか、全く意味が違います」と筆者は指摘し、「これからは、〝インフォームド・コンセント(説明と同意)〟ではなく、「〝インフォームド・ディシジョン〟(患者が説明を受けて納得し、治療を選択する)というスタンスが求められる」と述べています。

これらについて、皆さんはどう思われましたか? 例えば「外来診療時に医師は長時間座るが、患者は短時間しか座らない。また、患者の椅子に背もたれがあると、聴診器を当てる時などに支障をきたす。だから、〝両者を同じ椅子にせよ〟というのはおかしい」とか……。あるいは「私は患者が納得するように説明しているし、治療法を選択する際にも患者の意向を尊重している。〝インフォームド・ディシジョン〟などというのは単なる言葉の遊びに過ぎない。」とか……。

思うに、筆者が最も訴えたいのは、医療者は〝患者の視線でものを見る〟〝患者から学ぶ〟といった自らの姿勢を、患者自身が感じてくれているか否かを把握する努力をして欲しいという事なのでしょう。そしてこれは、医療者には次のふたつが同時に求められている事を意味していると思われます。ひとつは、他のサービス業が顧客に対して行うのと同レベルの接遇・応対力です。もうひとつは、単なる顧客としてではなく自らの対等なパートナーとして、患者と接する姿勢です。この両者を兼ね備えた医療者は、まだそれほど多くないのでは？

第十四話　人間の主食は骨だった⁉

人類学者の島泰三氏は、著書『親指はなぜ太いのか』（中公新書）の中で、「初期人類の主食は、アフリカのサバンナに生息する動物の骨であった可能性が高い」と言っています。その主な根拠は、おおよそ次のようなものです。

・人間の手のひらの構造は、片手に動物の骨を握り、もう片方の手で石を握って骨を砕くのに適している。また、エナメル質で覆われた平らな人間の歯の構造は、この骨を砕くのに向いている。さらに、直立二足歩行は、動物の骨を運ぶのに適している。

・人類の化石と動物の割れた骨が一緒に見つかった遺跡は多い。

・牛、豚、鶏の骨のカロリーやたんぱく質や脂質は、豚肩肉と比べて遜色がない。

ちなみに、農業に詳しい私の友人に、この〝骨主食説〟をどう評価するか尋ねてみたら、「〝骨主食説〟の正否はわかりませんが、死んだ家畜の骨を使って堆肥を作ると、栄養分の高い肥料ができるのは事実です。」との答えが返ってきました。だとすると、この説も簡単に否定できるものではないような気もします。皆さんはどう思われますか？

そこで、提案があります。近くの農家・肉屋・養鶏場などから動物の骨を安い値段で分けてもらい、それを機械で砕いて入院給食の食材として使ってみてはいかがでしょうか。恐らく、材料費は安くあがるうえに栄養価は高く、味付けさえ工夫すれば案外簡単に実用化できるかも知れません。さらに、このような食事を提供する病院は他にないでしょうから、「岡本病院が、入院給食に動物の骨を使用！」といったニュースが日本全国に流れ、病院の広報・宣伝に一役買ってくれる可能性もあります。おまけに、もし、この〝骨主食説〟が正しいのであれば、この食生活は数百万年もの経験と実績に裏打ちされている事になり、その安全性・妥当性は折り紙つきです。栄養管理科のTさん！　ぜひ、前向きにご検討下さい。

こんな突拍子もない原稿しか書けなくなったせいか、この連載も、いよいよ次回が最終回となりました。それでは、次回をお楽しみに……。

第十五話　世界水準の病院へ……

私が医療に関わって約十五年になります。そのなかで、日本の医療における基本的な問題点は次の三点に集約されるのではないかと考えるようになりました。

① 医師としての能力・資質に欠ける医師が大量生産されてきた。
② 疫学の視点がほとんど欠如しているため、根拠に乏しい医療・保健活動が行われてきた。
③ かつての家庭や地域が持っていた初期医療のノウハウがほとんど消失し、医療機関への依存度が極度に高くなった。

もちろん、他にも問題点はあると思われますが……。

①については、二〇〇四年度から本格的に開始された医師研修制度が定着していけば徐々に解決されていくかも知れません。しかし、根本的には、少なくとも欧米の水準に到達できるように、大学における医師教育全般を見直す必要があると思います。

②については、医学生に対する疫学教育の比重を増やす事が重要です。しかし、それと共に、大学で疫学を学んだ学生（医師でなくてもよい）が、卒業後に疫学調査・研究に関われる場を大幅に増やす、そのような厚生行政が求められると思います。

③については、当面、大阪のCOMLなどが展開している〝メディカル・リテラシー〟（患者・市民による医療の学習活動）の取り組みが大きな意味を持つと思われます。そして将来、これまでの核家族に代わる家族形態の実現や地方主権の確立により、家庭と地域に初期医療のノウハウを取り戻していく事が望まれます。

岡本病院は今後、地域の基幹病院として地域医療の確立・発展に寄与する事により、前に述べた①～③の問題解決に貢献していって欲しいと思います。そして、遅くとも二〇二〇年には、世界に冠たる地域中核病院として、岡本病院の名声が世界中に響きわたっている。そのような未来を想い描きつつ、本稿を終わりたいと思います。

これまで十五回にわたり私の思いのままを書きつづってきましたが、そろそろネタが尽きたようですので、この連載は今回をもって終らせて頂きたいと思います。

拙文へのお付き合い、どうもありがとうございました。

よしなしごと高雄病院時代

第一話　まずは、自己紹介から……

当院の常務理事に就任した中谷です。今回から毎月、この連載を担当する事になりました。ここでは、これまで私が得てきた情報や知識の中から、皆さんが「へぇ～」「なるほど」「そんなアホな！」と唸るような話題を、ネタが続く限り提供していくつもりです。少しでも興味を持たれた方は、ぜひ、お付き合い下さい。今回は、私の自己紹介をしたいと思います。今から約五十年前のバレンタイン・デーに、私は石川県の能登半島にある宇出津（うしつ）。英語でオックスフォード？）という所で生れました。小学校五年生の時には、和倉温泉の隣駅の七尾（ななお）に移り、高校までを過ごしております。

その後、東京での浪人生活を経て京都大学の工学部に入学し、六年もかかってやっと卒業しました。その頃には、当院の管理当直も経験しております。それから、（株）島津製作所で約八年間勤務しました（ちなみに、ノーベル賞を受賞した田中耕一氏は私の一年後輩であり、半年余り会社の寮で一緒でしたが、話をしたことは一度もありません。残念！）。

島津を退職した後、当院にやってきました。十年間勤務しましたが、最後の六年間は事務長職に就いておりました。ところが、二〇〇〇年に入ると年甲斐もなく勉強がしたくなって当院を退職し、新設された大学院（〝京都大学大学院医学研究科社会健康医学系専攻健康管理学講座医療経済学分野〟という寿限無みたいにやたら長い名称）の修士課程に入学しました。ここで、病院原価計算の調査研究を行うとともに、日本医療機能評価機構のサーベイヤーの資格を取得しました。大学院を修了した後には宇治市の岡本病院で三年間勤務しましたが、縁あって、この一月から、再び高雄病院に出戻ってきた訳です。

最後に、この連載のタイトルについて説明します。「よしなしごと」とは、「由無し事」すなわち「とりとめのないこと」を意味しています。「……心にうつりゆく由無し事をそこはかとなく書きつくれば……」という徒然草（つれづれぐさ）の一節から拝借しました。したがって、「よしな！　仕事」などと勝手に解釈して、私のように仕事をサボる口実にする事のないように、くれぐれもご注意下さい。

では、次回からよろしくお願い致します。

第二話　簡単にわかりやすく

ある友人から言われて「なるほど！」とガッテンした事がある。どうやら、全ての人間が幸福に生きるためには、たったひとつの事を守ればよさそうだ。それは、「自分にして欲しくない事は他人にするな」という原則である。ちなみに、この原則は世界のほとんどの宗教に盛り込まれているらしい。とはいえ、殺人や虐待や差別を繰り返してきた人類の歴史と現状を見れば、このたったひとつを守る事がいかに難しいかがよくわかる。

話は変わるが、ずっとヨーロッパでプレーしているサッカーの中田英寿選手は、次のように語っていた。「世界でトップレベルのチームが心がけている事は、次の三つだけだ。①パスを出したらすぐに次の行動に移る、②パスのコースが二つ以上できるように、ボールを持っていない選手が動く、③ワンタッチ目で確実にボールをとめ、ツータッチ目でパスを出す」

思うに、優れた専門家や知識人とは、「素人や一般の人に対して、難しい事を簡単にわかりやすく伝える」事のできる人ではなかろうか。例えば、ほとんどの医療職は各々の分野の専門家であるが、自分の専門領域に関する事を、患者・家族・市民に対して簡単にわかりやすく伝える事が最も要求されていると私は考えている。したがって、私が担当している病院経営についても全く同じ事が言えるはずだが、私はまだまだ未熟者であり、そのような能力は身に付けていない。今後の重要課題だと思っている。

このような考え方は、制度や法律や規則などの良し悪しを評価するのにも使えそうだ。例えば、崩壊寸前と言われている日本の年金制度は極めて複雑であり、年金の専門家でさえ全体を把握していない。それに対して、スウェーデンが一九九九年に導入した年金制度の考え方は「現役時代に納めた保険料と、後に受け取る年金給付額が同じ」という極めてシンプルなものであり、年金の体系も一本化されているそうだ。どちらの国の年金制度が優れているかは明白であろう。同様に、日本の医療制度も非常に複雑であり、今後、より簡単でわかりやすい制度に変えていく事が求められていると思う。

最後に、私達の人生についても同じ事が言えるかも知れない。そういえば、フォーク歌手の豊田勇造が「簡単に生きて、簡単に死ぬ。これが俺の望みだけれど……」と歌っていたなぁ。

第三話　モチベーションを高める

「良い病院って、一口に言ってどんな病院？」と聞かれたら、私は最近、「職員のモチベーション（士気、やる気）が高い病院」と答える事にしている。職員が活き活きとして仕事をしているかどうかが最大の指標だと考えるようになったからであるが、その根拠は次のようなものだ。

職員のモチベーションが高ければ、患者・家族は職員の言葉や表情や雰囲気からそれを敏感に察知し、「何か、ここは良さそうな病院だな」という印象を持つので、それが口コミで周囲に伝わる。それが積み重なっていくと、病院の評判が良くなって患者が増え、患者の満足度や病院の経営が向上し、ひいては、職員の待遇改善にもつながっていく。その結果、職員のモチベーションがもっと高くなる……。「まるで〝風が吹けば桶屋がもうかる〟のような論法だなぁ」と思われたかも知れないが、このような好循環を目指す事が、病院幹部に最も要求されると思う。

逆に、「経営改善のために病院で最も比重の大きい人件費を削減しようとして、給与・労働条件等を切り下げる↓職員のモチベーションが低下する↓患者の評判が悪くなり、病院の収入が減る↓さらに人件費比率が上昇し、経営状態が以前よりも悪くなる……」といった悪循環に陥っている病院が多いようだ。もしかしたら、ここ数年の高雄病院もこのような

〝デフレスパイラル〟に巻き込まれてきたのかも知れない。

今後、私を含めた病院幹部や各部署の所属長は、「どのようにしたら○○さんのモチベーションをもっと高められるだろうか？」と常に自問自答する、そのような姿勢が求められるだろう。逆に「○○さんはいつも文句ばかり言って努力しない。腹が立つ！」という発想からは、そろそろ卒業した方がよい。なぜなら、職員のモチベーションを高める責任は、スタッフよりもむしろ幹部や所属長にあるのだから。「腹が立つ！」という人は、まず、自分自身に腹を立てるべきであり、その責任を最初からスタッフに押し付けるのは本末転倒だと私は考える。

ここで述べた事は「言うは易く行うは難し」だと思う。しかし、病院幹部や所属長がこの事を常に肝に銘じながら日々を送る事ができるかどうか。これが、将来における病院の良し悪しを決める最大のポイントだと私は思っている。

第四話　チーム医療の大切さ

これからの高雄病院における入院診療を考える場合、〝医師を除いた多職種によるチーム医療〟を名実ともに確立する事が、最も求められていると私は思っている。

私見では、外来診療の中心は紛れもなく医師である。外来診療を担当する医師に求められる基本的な資質は「患者の話を親身になって聞く事ができる能力」「治療や薬の事などを、わかりやすく患者に説明できる能力」の二つであり、この二つを患者が最も求めている事は、さまざまな患者アンケート調査からも明らかになっている。

一方で、入院診療の中心は医師以外の職種であり、どの職種が中心になるかは病院の性格によって異なる。そして、入院診療を担当する医師に最も求められる資質は〝医師を除いた多職種によるチーム〟と適切に連携・協力できる能力である。

例えば、米国の病院の職員には基本的に医師はいない。医師は病院と〝契約〟して病院で働いている存在だからである。そして、欧米の診療報酬においては〝ドクター・フィー（医師に対する診療報酬支払い）〟と〝ホスピタル・フィー（病院に対する診療報酬支払い）〟とが明確に区別されている。つまり、欧米では「外来診療は開業医が中心になって担うもの。一方、病院は医師以外の多職種が中心になって、入院診療と救急を担うもの（外来診療は担わない）」という役割分担が明確にされているのである。

それに対して日本はこの辺が不明確であり、「味噌もクソも一緒の診療」を行っているのが実態だと言わざるを得ない。これには恐らく、日本独自の歴史的な経緯があるのだろう。例えば、民間病院の多くはもともと開業医から始まった。また、「病院の管理者＝医師……」という医療法の趣旨は、恐らく開業医時代のなごりに由来しているのだろう。そしてこれが、

「病院長＝医師」といった日本独自の奇妙な習慣を形成して来たのかも知れない。

私は、この日本独自の習慣を根本的に見直す時期に来ていると考えている。少なくとも高雄病院は世界標準の病院を目指すのだから、他院に先駆けて〝医師を除いた多職種によるチーム医療〟の実現を目指す必要がある。例えば、今後の高雄病院においては、医師を除いた多職種による『漢方チーム』『アレルギー・チーム』『食事療法チーム』などの形成とレベルアップが必要不可欠になるであろう。

第五話　松浦元男という男

愛知県豊橋市にある（株）樹研工業は、従業員八十人程の小さな会社であるが、百万分の一グラムという世界で最も軽いプラスチック歯車を作った事で世界的にも有名な会社である。この会社の社長が、松浦元男という人物であり、私はこの三月、彼を訪ねて樹研工業を見学した。

松浦は非常にユニークな男だ。例えば、社員は全て先着順で採用するので、面接は行わないし履歴書も見ない。また、会社にはタイムカードがなく、月に一回土曜日に行われる会議は自由参加であり、遅刻・早退・欠席などは全てＯＫである。更に、職員が新幹線で出張する時は、原則、グリーン車を使用するし、海外出張を含めた出張清算は全てカード処理であり、出張者による事務手続きは一切発生しない。
会社を訪問した時、私は彼に「機械や物品購入は全て社長が決裁権を持っているのですか？」と質問した
彼から次のような答えが返ってきた。「そうです。だけど職員は、私に無断で結構物を買っていますよ。でも、いいんです。だいたい、買い物がいちばん下手なのは私なんです。例えば、私は以前、八五〇万円もする工作機械を買ったのですが、結局、二回使っただけで、今も倉庫に眠っています。職員は、このような私の失敗をよく知っていますから、私よりも慎重に買い物をします。だから、私に無断で物を買っても、何の問題もありませんよ……」私は、職員を心の底から信頼しきっている松浦の無邪気な表情を見て、涙が出てきた。そして、これ程までに職員を信頼するのは、現在の私には絶対に真似のできない事だと痛感し、自らの未熟さを思い知らされた。
ちなみに、松浦は偶然、糖尿病だった。会社見学を快諾してもらったお礼に『糖尿病が良くなるごちそうレシピ』の本をプレゼントしたら、彼はこの本に紹介されている食事を自分で実践し、毎回、食後血糖値を測定したそうだ。そして、見学が終わって数日したら、私に次のようなメールが届いた。「自分で実験した結果、中谷さんが下さった本の内容が正しい事がわかりましたので、早速この本を五十冊購入して、友人・知人に配りました」さすがに、

決断の速さも世界一の男なんだなと、これを聞いて納得した。

結局、松浦にとって効果的な糖尿病治療食を紹介してくれた高雄病院は〝恩人〟であり、本を配って糖質制限食を普及させてくれた松浦は、当院にとって〝陰の功労者〟という不思議な関係になった。つくづく、〝縁は異なもの〟だと思い、私は松浦に心から感謝している。

第六話　全職員のタクシー通勤は可能か？

九月から十月にかけて、係長以上の職員と私との個人面談を行った。率直に言って、約半数の人が半年前よりも若干モチベーションを上げていたように感じられ、私はとてもうれしい。

その面談の中で、ある人が面白いアイデアを提案してくれた。それは、「職員全員に、タクシー通勤を認めてはどうか」といった提案である。もちろんこれは、例の『千円札は拾うな』（安田佳生著／サンマーク出版）を参考にしたアイデアである。聞いた瞬間、私はとても実現不可能だと思ったのだが、あとでよく考えてみると、決して実現不可能な提案ではないと私には思えてきた。

例えば、幼稚園や自動車学校のように、職員用の送迎タクシーを複数コース走らせる方法が考えられる。これによって車通勤者が減るので、職員駐車場のスペースを他に転用する事が可能になる。それに、職員のモチベーション向上にもつながる。さらに、交通の便に難がある当院においては、看護師を始めとした職員のリクルートにも有利に働く可能性がある。もっと言えば「当院の職員は全員タクシーで通勤しています！」とホームページなどで広報すれば、これは高雄病院を宣伝するうえで、かなり大きな効果を発揮するかも知れない。私見では、このメリットは、病院の経済的負担が増えるというデメリットよりも、格段に大きい。

この場合、特定の自動車会社と契約する事になるので、例えば、ＭＫ・ヤサカ・京聯などで競合させれば、案外安い値段で契約できる可能性がある。それに、飲酒運転に対する規制が厳しくなった現在では、これを採用する事によって、安心して帰宅途中で酒が飲める。

もちろん、他のアイデアも可能であろう。また、職員をタクシー通勤させるのであれば、患者さんにも送迎バスやタクシーを走らせるなどの対処も必要だと思う。

京セラ会長の稲盛和夫は、ある著書で次のように述べている。「夢は大きいほどよい。私は常に〝夢見る男〟であり続けたいと思っている。もし、私が大きな夢を描き続けなかったならば、京セラがＫＤＤＩの事業を行うことは絶対にできなかっただろう……」

とにかく、先入観と固定観念さえ捨てられれば、実現可能なアイデアはいくらでも出てくる。今回の個人面談で、私は、このマネジメントの基本をあらためて認識させてもらった。もし、私に表彰する権限があるならば、私は、この提案をしてくれた職員に対して最優秀賞を与えたい。

第七話　冷暖房のいらない病院をつくりたい

先日、私は埼玉県朝霞市にある山本順三氏の自宅を訪問した。山本氏は自他ともに認める〝断熱屋〟である。彼は、セルロース・ファイバーという断熱材（新聞紙にホウ酸を浸み込ませ、細かな繊維状にしたもの）を使って自宅を木造で建てた人物である。これに興味をお持ちの方は、彼の著書『無暖房・無冷房の家に住む』（三一書房）をお読み頂きたい。

私が山本家に着いたのは午後一時。十一月中旬だというのに、室内は二十五℃もあった。もちろん暖房はされていない。家に入った第一印象は「ほんのりと暖かく、臭いがほとんどしない。」「防音装置が完備された部屋に入った気分」であった。山本氏は試しに玄関でかなり大きな音量でカセットテープを流したが、廊下の角を曲がって少し行くと、その音は全く聞こえなくなった。

私が最も驚いたのは、浴室である。そこは一見すると何の変哲もないユニット・バスルームなのだが、セルロース・ファイバーが詰めてある浴槽に入っているお湯に手をいれてみると、少なくとも三十七℃以上ある感触であった。「このお湯はいつ入れたのですか？」と山本氏に聞くと、「それは昨夜、私たちが入浴したときの残り湯です」との返事が返ってきた。さらに驚いた事に、浴室には水滴が一滴も見当たらない。また、浴室の窓ガラスにはくもりが全く見られなかった。

つまり、このセルロースファイバーは断熱性と遮音性が極めて高く、かつ環境にも優しい繊維である。私は現在、この断熱材を使用した木造の建築物で、高雄病院建物全体のリニューアルをしたいと考えている。これが実現すれば、「高雄病院は日本で初めて冷暖房のいらない病院をつくった」事で有名になり、病院のブランド力がさらに向上すると思う。

もちろん、この工法にも欠点はあるかも知れない。建築コストは通常よりも五割近く高くなるそうだ。したがって、安易に結論を下すのは危険かもしれないが、これまで私が調査したところでは、かなり有力な工法のひとつである事は間違いなさそうである。

病院経営を行う者にとって、水道光熱費などのランニングコストを最小限に切り詰める事は重要な経営課題である。このような意味でも、セルロース・ファイバーを採用する事によって冷暖房が必要なくなれば、光熱費用がほとんどかからないうえに、エアコンや換気扇などの設備も不要になるので、全体としてかなりの経費節減につながるのではないかと私は期待している。

これについては、病院建物リニューアルのプロジェクトチームで検討を積み重ねていく予定である。お楽しみに……。

第八話　高雄スタイル

二〇〇六年一月九日、全国サッカー選手権大会で滋賀県立野洲高校が初優勝したのを憶えておられるだろうか。私自身、このチームにはふたつの点で注目していた。ひとつは、従来の高校サッカーとは一味違った〝魅せるサッカー〟を目標にしている点である。もうひとつは、サッカー選手としての経験が全くない人物が監督を務めている点である。

実は最近、『野洲スタイル』（山本佳司著／角川書店）という本が出版されたので、早速読んでみた。著者は野洲高校サッカー部の監督。彼はレスリングの経験しかなかったが、たまたま大学時代にドイツ留学した時、サッカーに興味を持ったのがサッカーとの出会いになったそうだ。

彼が野洲高校に赴任したのは一九九七年。当時、野洲高校サッカー部員はたったの十二人しかいなかった。しかも、その半数以上は、日頃の練習には参加せず試合の時だけ手伝うという状況だった。しかし山本監督は、その当時からすでに「全国優勝するぞ」「世界に通用する選手を目指せ」と言って練習に取り組んで来たらしい。

その後、どのような過程を経て、野洲高校が全国制覇するまでに至ったのかについては、ぜひ本書を読んで理解して頂きたい。本書を読んで特に私の印象に残ったのは次の三点である。まず、滋賀県出身の選手だけで優勝を勝ち取った事。次に、全国制覇はあくまでも通過点であって、選手にはより高い目標と広い視野を監督が求めている事。そして、監督が全ての選手を全面的に信頼している事。これらはいずれも、以前紹介した（株）樹研工業の松浦元男社長にも共通していると私は感じた。

ところで、将来の高雄病院が目指すべき〝高雄スタイル〟とはどんなものだろうか。私には、その姿は漠然とは見えているが、まだ鮮明ではない。恐らく、その具体的な姿は、高雄病院が高いレベルに到達した時点で初めて明らかになるのだろう。

今年の全国大会で、野洲高校はベスト十六までしか進めなかった。しかし、山本監督は、この事によって自分達のスタイルを変える事は決してないだろう。今後、このような〝魅せるサッカー〟が日本にもっと広がる事を私は期待している。一方、この二〇〇七年を、〝魅せるホスピタル〟としての高雄病院を築いていく元年に位置付けられたら幸いだと私は考えている。

第九話　アルビレックス新潟の奇跡

先月に引き続き、今回もサッカーに関連する話題を提供したい。

アルビレックス新潟というプロのサッカーチーム（J1に所属）をご存知だろうか。新潟市という、人口がそれ程多くない地域にありながら、ホームゲームでは常に四万人もの観客が試合を見に来るという珍しいチームである。以前から私も、これを不思議に思っていた。

先日私は、東京への出張時に、池田弘という人物に会う機会を得た。彼は、アルビレックス新潟の初代社長である。また、彼は地元で宮司をしている点も特徴的だ。彼とは約一時間話しただけだったが、なぜ、これほどまでに多くの観客がアルビレックスの試合を見に来るようになったのか、その経緯を聞く事ができた。要するに彼は、一人の宮司として「東京に行かなくても、新潟で若者が勉強し、新潟に就職できる」環境を作りたいと考えた。そして、何はともあれ〝人が集まる〟状況を作り出す事が、新潟を活性化させるための必要条件だと思い、そのために様々な試みを行った。彼が最初に手がけたのは、新潟総合学院という学校群の創設である。その後、この学院は、新潟に基盤を置きつつ全国展開していった。

実は、池田がサッカーチームの社長になったのは、全くの偶然である。この詳しい経緯については『アルビレックス新潟の奇跡』（飯塚健司著／小学館）を参照して頂きたい。ここでもやはり、彼は〝人が集まる状況〟にこだわり続けた。結局、このこだわりこそ、現在のアルビレックス新潟を生み出した最大の原動力だと言えよう。

昨年の六月、高雄病院の将来をイメージするものとして、私は〝であうしりあうホスピタル〟というキャッチコピーを提案した。これは「漢方・アレルギー・食事療法に関する人・知識・情報を求めて、日本中・世界中から高雄病院に人が集まってくる」状況をイメージしたものである。もちろんこの時点では、〝人が集まる〟事にこだわる池田の思いを私は知る由もない。そういう意味では、今回、池田と出会えた事には何か因縁めいたものを感じた。

日本の医療に対する四つの提言——ひとりの医療従事者として【二〇〇六年十月】

■提言1　患者・市民・地域のニーズに合った医師の育成を！

◉現状の問題点

私見では、日本の医師には三つのミスマッチが発生している。

一つめは、患者のニーズとのミスマッチである。いくつかの調査によれば、特に外来診療で患者が医師に望むのは「自分の話をよく聞いてくれる」「わかりやすく病気や治療や薬について説明してくれる」という二点である。ところが、私の経験では、日本の医師は〝ナルシスト型〟（自分本位、自己陶酔）が多く、〝同族〟（生来、医師の家庭で育ち、「先生」と奉られてきた）もかなり目立つ。私見では、このようなタイプの人間は、上記のような患者のニーズには基本的に向いていない。また、大学の医学部でも、患者とのコミュニケーション能力を高める教育はほとんど行われていないのが実情である。

二つめは、社会が必要としている専門分野とのミスマッチである。私見では、日本に最も不足しているのは、初期の段階でどんな病気でも的確に診察する事のできる〝かかりつけ医〟（プライマリケア・ドクター）である。ところが、大学の医学部では、専門性の高い医師の教育に偏り、このようなプライマリケア医を育成する教育はほとんど行われていない。また、小児科・産婦人科・麻酔科など、患者によるニーズの高い診療科の医師が不足しているのも周知の事実である。

三つめは、地域社会とのミスマッチである。一般的に、都会では医師が過剰であるが、地方では不足している。特に、二〇〇四年度から新設された医師研修制度による影響（大学による医師の引き揚げなど）もあいまって、地方によってはかなり深刻な医師不足が起こっている。

《参考図書・文献》

『患者満足度』（前田泉他著。日本評論社）
『患者が決めた！いい病院ランキング』（オリコン・メディカル）
『命に値段がつく日』（色平哲郎他著。中公新書）

◎今後に向けた解決策

ここでは、四点の解決策を提示したい。

一つめは、医師の国家試験でコミュニケーション能力を厳格に評価し、これを満たさない者には国家資格を与えない制度を確立する事である。このようにすれば、すぐに、全ての大学が、医学生のコミュニケーション能力を高めるための教育に力を注ぐと思われる。

二つめは、欧米各国のように、現在の医師資格とは別の〝プライマリケア専門医〟資格を設ける事である。このようにすれば、すぐに、全ての大学が〝プライマリケア専門医〟のコースを設置すると思われる。

三つめは、看護師をはじめとした医師以外の専門職に、もっと多種かつ高度な医療行為の実施を認める事である。例えば欧米では、教育・訓練を受けた看護師が全身麻酔を行うのは通例になっている。したがって、このような制度を採用すれば、麻酔科や産婦人科などの医師不足や、地方における医師不足の緩和にもかなり役立つものと思われる。

四つめは、都道府県単位による医療保険制度の確立である。欧米各国では、州や県が独自に医療を展開するケースが多いので、日本でも早晩、これを導入すべきである。これによって、医師の都会への集中をかなり防ぐ事ができると思われる。

■提言2　疫学調査の推進とそれに向けた基盤の整備を！

◉現状の問題点

厚生労働省が〝ＥＢＭ（根拠に基づく医療）の推進〟を唱えているわりには、欧米諸国に比べて日本では、必要な疫学調査がほとんど行われていない。この主な理由として、二つの事が考えられる。

ひとつは、日本では疫学者に対する社会的評価が低い事である。疫学の歴史が長い欧米では、一般に、疫学者に対する社会的評価は専門医に対する社会的評価よりも高いと言われている。ところが、日本では逆の現象が起こっているために、疫学者を志す医師や学生が極めて少ないのが現状である。もうひとつは、厚生労働省が、疫学調査に必要な予算をほとんど計上して来なかった事が挙げられる。最近は、厚生労働省が「糖尿病予防対策研究」「自殺関連うつ対策研究」などの戦略研究で疫学調査を採り入れるなど、いくらかの改善は見受けられるが、社会的なニーズからみてまだまだ不足していると言わざるを得ない。

ここでは、二つの事例を挙げる事により、日本での疫学調査が不足している問題点を指摘したい

ひとつは、ほとんどの病気の診断基準が男女別・年齢別に設定されていない点である。た

とえば米国では、〝フラミンガム研究〟という心臓病に関する疫学調査が一九四九年から継続して行われ、この結果に基づいて男女別・年齢別の診断基準が設けられている。しかし、日本ではこのような疫学調査がほとんど行なわれていないため、欧米人に該当する事がそのまま日本人にも当てはまるとは言えない事がわかっているのにもかかわらず、米国の診断基準を準用しているのが実情である。また、メタボリックシンドローム系の病気（肥満・糖尿病・高血圧など）にも、これと同様の事が言えるはずである。したがって日本では、本当は治療の必要な人を見逃し、治療の不要な人を治療している可能性がおおいに考えられる。

もうひとつは、日本で推奨されている高炭水化物・低脂肪の食事療法には、その効果に対する根拠がやや乏しい点である。私が勤務している高雄病院では、一九九九年から〝糖質制限食〟と銘打った低炭水化物・高脂肪の糖尿病治療食を導入しているが、驚くほど画期的な成果を挙げている。この治療食は、現在、欧米諸国で広がりつつある〝低糖質食〟および〝糖質管理食〟とほぼ同じ考え方に基づくものであり、生理学の理論からもその効果が説明できるものである。しかし、日本糖尿病学会をはじめとした日本の医学会は、依然として旧来の食事療法に固執している。高雄病院での経験から言えば、日本がこのように旧来の食事療法にこだわってきた事が、千六百万人とも言われる糖尿病患者（境界型を含む）を生み出し、毎年一万人ずつ人工透析患者（その半数以上が糖尿病に由来している）が増えているひとつの要因とも考えられる。

《参考図書・文献》
大櫛陽一『検査値と病気間違いだらけの診断基準』（太田出版）
江部康二『主食を抜けば糖尿病は良くなる！』（東洋経済新報社）
大阪市立大学大学院医学研究科発達小児医学教室他編『かんたんカーボカウント』（医薬ジャーナル社）
Martijn B Katan《Alternatives to low-fatdiets》（American Journal of Clinical Nutrition）

◎今後に向けた解決策

ここでは、三点の解決策を提示したい。

一つめは、必要な疫学調査を行うための厚生予算を確保する事である。差し当たり、これまで欧米で行われてきたような、必要性と質の高い疫学調査を、欧米とほぼ同様のやり方で日本でも実施する事が急がれる。なぜなら、前にも述べたように、欧米人に該当する事がそのまま日本人にも当てはまるとは限らないからである。特に、国民の大多数に影響を与えている生活習慣病について上記のような疫学調査を実施する事は、緊急の課題である。

二つめは、優秀な疫学者の育成と就職先の確保である。私自身が疫学系の大学院で学んだ経験では、このような大学や大学院で学んだ学生達にとって、その知識を活かせるような就職先がほとんどない事が最大の問題である。この問題を解決するためにも、上記で述べた厚生予算を確保する事はきわめて重要な課題であると思う。

三つめは、早期からの疫学教育の実施である。京都市学校歴史博物館での展示によれば、明治初期にはすでに、京都の小学校で疫学の基礎が教えられていたらしい。この事を踏まえれば、現在の日本では、少なくとも中学や高校から、疫学の教育を実施すべきである。これによって、優秀な疫学者が増えるとともに、疫学に対する国民の理解度が向上し、ひいては疫学調査や臨床試験に対する国民の協力が得やすくなると思われる。

■提言3　メディカル・リテラシーの普及を！

◉現状の問題点

特に米国では、医療消費者（患者・市民など）による医療の学習活動が盛んに行われている。これをメディカル・リテラシーと呼んでいるが、日本では、このような取り組みが極めて弱い。私見ではこれが、医療機関への過度の依存、健康予防活動の停滞、ならびに異常なまでの〝健康志向〟（健康食品やサプリメントの氾濫がその象徴）にもつながっている。

例えば、大阪府に〝ＣＯＭＬ〟というＮＰＯ法人がある。これはメディカル・リテラシー活動の代表的な団体であるが、これらは事実上、設立者やスタッフの個人的努力によって担われており、活動を継続するのにかなり苦慮されているように見受けられる。

確かに近年、個人情報保護法の制定、インフォームド・コンセントの推進、セカンドオピニオン制度の設置などによって、患者の権利と自己決定を促進する動きが現れてきた事はある程度評価できる。しかし、これらはまだまだ不十分であり、効果的・効率的に行われているとは言い難い。

《参考図書・文献》

ささえあい医療人権センターＣＯＭＬ監修『受診する通院する入院する！１２０の患者術』（医学通信社ＢＯＯＫＳ）

◎今後に向けた解決策

ここでは、二点の解決策を提示したい。

一つめは、メディカル・リテラシーの普及を目指した患者団体の設立を促進する事である。そのためには、上記のＣＯＭＬのような団体が、例えば社会福祉協議会のように、地域の各所に作られる事が必要であろう。また、個人や企業がこれらの団体に寄付をする場合に、寄付者に対して税の優遇措置を設けるのも大切な事である。現在、学校法人や社会福祉法人に対してはこのような税の優遇措置が設けられているが、医療法人やＮＰＯ法人などの民間団体にはそのような制度がないので、早期の設置を求めたい。

二つめは、医療コーディネーター制度の導入である。確かに、インフォームド・コンセントは大切であるが、多くの場合、患者は非日常的な状態（痛い、苦しい、熱があるなど）で医療の提供を受ける訳であり、冷静に医師などの説明を受けられる状況にはない。そこで、病気になる前から、すべての市民が自分の代理人（医療コーディネーター）と契約しておき、もし自分が病気になったり事故に遭った場合には、この医療コーディネーターにも同伴してもらって医療者からの説明を聞いてもらうシステムの導入を提案したい。これは、セカンドオピニオン制度よりも効果的・効率的だと思われる。なお、医療コーディネーターは、看護師・薬剤師など（私は介護や事務系でも構わないと思うが）の実務経験が一定程度以上ある人を対象にして、資格化する事が望ましい。そして、例えば保健所などに、この医療コーディネーターを配置するのも有力な方法だと思う。

■提言4　医師以外の人も病院の理事長・院長になれるシステムの確立を！

◉現状の問題点

現在、病院（厳密には法人）の理事長は、原則として医師である事が求められている。近年、この規制緩和が進んでおり、非医師でも理事長になる事が認められる傾向にはあるが、あくまで原則は医師である事が求められているので、都道府県によっては、医師ではない者が理事長に就任するのは極めて困難であると聞いている。

それよりも不思議なのは、病院長である。私が調べた限りでは、医療法には、管理者（ところで、この定義はあるのか？）という文言はあるが、病院長という文言はどこにも存在しない。一方、診療報酬には、病院長という文言が登場している。これを文字どおり解釈すれば、非医師の病院長がいても医療法上は差し支えない事になるが、私の知る限りでは、日本の病院長は全て医師が担当しているはずである。私にはこれが不思議でならない。ちなみに、きちんと調べた訳ではないが、「病院長＝医師」という常識は、少なくとも欧米の民間病院には存在しないと思われる。

私見では、病院長は企業で言えば〝社長〟である。だとすれば、経営者としての素養があり、マネジメントに精通した人物でなければ、病院の安定した運営・経営などは任せられない。ところが現実は、日本の病院長で病院マネジメントを勉強した人はごく少数である。

また、これも私見であるが、一般的に、医師は経営者に向いていないと思う。なぜなら、経営者に最も求められるのは〝空間的な広い視野と時間的な長い視野〟だからである。つまり、ひとつは日本中世界中の医療や病院を知ってそれを自院に活かす視点であり、もうひとつは医療や病院の歴史を学ぶとともにその将来ビジョンを模索するなかから、自院における当面の方針を策定する視点である。これらが、病院のトップに最も求められていると私は考えている。ところが、医師に求められる中心的な能力とは、患者からの限られた情報に基づいて、瞬時に適切な診断・治療を行う能力である。この両者は対極にあると私は考えている。また、医師に経営（そこには当然〝お金〟が含まれる）の事ばかり考えさせるのは、医師のモラルからみて問題ではなかろうか。

現在、多くの病院が存亡の危機に直面している。その主な原因は、もちろん、小泉改革によるドラスティックな医療制度や診療報酬の改定にある。しかし、一方で、ほとんどの病院トップがマネジメントの基本を全く理解していないために、自院の経営危機を更に加速させている可能性も大きいと私は見ている。なぜなら、数は少ないものの、この厳しい医療情勢下にあっても、質の高い医療の提供と病院経営の安定化を両立させている病院は、それなりに存在しているからである。

◎今後に向けた解決策

ここでは、三点の解決策を提示したい。

一つめは、「病院（法人）の理事長は医師でなければならない」という規程を、即時に撤廃する事である。上述したように、これはこの方向で進んで来ているので、この規程を撤廃するのはそれ程困難ではないと思われる。

二つめは、医療法に管理者の定義を明記する事である。そして、この定義に基づいて、管理者と病院長との関係を明確化する事も重要である。

三つめは、病院マネジメントの教育を受けなければ、理事長や病院長に就任できない制度を設ける事である。聞くところによれば、フランスでは、ＭＢＡに準ずる教育を受けていなければ病院長にはなれないらしい。ならば日本でも、このような制度を導入しても良いと思う。もし、このまま放置していけば、多くの病院が経営破綻に陥る可能性が大きく、これは、患者・病院職員・地域住民に不幸をもたらすばかりか、ひいては社会が医療経済的な損失を被る事にもつながると考えられる。

あとがき

私は二〇〇七年に深刻な病気になり、仕事を辞めた。幸い、数年後に病気は改善したものの、何らかの仕事に就くことができなくなった。また本もほとんど読めなくなり、新たな文章も書けなくなってしまった。さらにリーマンショックや民主党政権ができた経緯も全く知らない。このような私に一体何ができるのか？　そこで思いついたのが本書を作ることだった。ある意味で、この本は私の遺言なのかもしれない。

これほど不可思議な本を出版することができたのは、大学の後輩である牧野出版の佐久間社長のおかげである。

この本が四十代以下の若い方々に、少しでも役立てばこの上もなく幸いである。

中谷一郎（なかたに・いちろう）

略歴

1957 年　石川県能登町生まれ
1975 年　石川県立七尾高等学校卒業
1982 年　京都大学工学部機械学科卒業島津製作所に就職
1989 年　同、退職
1990 年　高尾病院に就職
1994 年　同、事務長に就任
2000 年　同、退職
京都大学大学院（医学研究科社会健康医学系専攻）入学
2002 年　同、大学院（医療経済学分野）を修了
2003 年　岡本病院に就職
2005 年　同、退職
2006 年　高尾病院に就職
2007 年　同、退職

望《のぞ》ましい社会《しゃかい》を求《もと》めて－わたしの遺言《ゆいごん》

2024年12月26日　初版発行

著　者　中谷一郎
発行人　佐久間憲一
発行所　株式会社 牧野出版
〒604-0063　京都市中京区二条通油小路東入西大黒町318
電話 075-708-2016　ファックス（注文）075-708-7632
http://www.makinopb.com
装丁・本文DTP　山本善未
印刷・製本　株式会社ファインワークス

内容に関するお問い合わせ、ご感想は下記のアドレスにお送りください。
dokusha@makinopb.com
乱丁・落丁本は、ご面倒ですが小社宛にお送りください。
送料小社負担でお取り替えいたします。

ISBN978-4-89500-248-6